# 鑪峰古今

珠海學院香港歷史文化研究中心 出版

香港歷史文化論集 2020

蕭國健　游子安　主編

本書

蒙

# Arts & Education Limited
## 藝術教育有限公司

贊助出版

# ◎目錄

**歷史札記**

# 序 言

2008年余應珠海學院之邀，成立「香港歷史文化研究中心」，目的除於校內為學梓介紹香港歷史外，並向社會人士推廣香港及華南之歷史與文化。2012年，余獲多位學界友人之助，與香港歷史博物館合辦香港歷史文化專題講座及野外考察，並於翌年(2013)年初出版《鑪峰古今——香港歷史文化講座系列2012》，至今已屆九年。

今年雖因社會及疫症問題困擾，余仍能獲多位學界友人之助，與香港歷史博物館合辦香港歷史文化專題講座，惜野外考察，則未能舉辦。現再如往年，獲講者將講題內容整理成文，及友好學者惠贈鴻文，輯錄成專刊，與更多人士分享。今書成，顏曰《鑪峰古今——香港歷史文化論集2020》。

本中心之成立，目的除於校內為學梓介紹香港及華南歷史外，更向社會人士推廣香港及華南之歷史與文化，多年來獲多位學界友人之助，與香港歷史博物館、非物質文化遺產辦事處、保良局歷史博物館、及屯門長者學苑合辦香港及華南歷史文化專題講座及田野考察，出席者均逾百人，近雖因社會及疫情問題，幸獲各界支持，仍未有間斷。本書蒙Arts & Education Limited　劉言祝先生資助出版，謹致謝忱。

蕭國健教授
珠海學院香港歷史文化研究中心主任
2021年仲冬

# 香港新界正一派道士太平清醮儀禮中所反映的本地社會意識
## ——組織性、儒禮性、宗族性以及市場性——

田仲一成

（公益財團法人東洋文庫研究員、日本學士院會員，
東京大學名譽教授）

## 前言： 問題之所在

　　先提出對於「國學」這個詞的鄙見，日本從前大學學科的稱呼之中，也常用國史學科，國文學科，國語學科等，冠以「國」字的名稱。但90年代以後，這名稱大多數改為「日本」，比如；國史學科改為日本史學科，國文學科改為日本文學科，國語學科改為日本語學科等。這旨意在於將曾強調絕對性價值的稱呼改為讓步於相對性價值的稱呼，如此更方便于適應國際化。我贊同這類方針，因此今天，也站在漢學家的立場（不是國學的立場），討論香港農村宗族社會之中，儒教在祭祀儀式上如何發揮其作用，也在多少程度上接受市場的商業性影響？

　　香港新界農村每逢祭祀時，基本上邀請正一派道士，叫他們做道教科儀，向神明獻上祈福攘災之儀典以懇求其保

佑。其科儀是屬於齋醮儀禮體系，如果跟台灣正一派道士科儀比較起來，可見明顯的香港農村本地特有的儒家特色。

## 一　廣東宗族農村的社會組織上的特點─圖甲制、戶名不變

### 1. 廣東地區獨有的圖甲制度層施行於新界農村的痕跡

明代初期以來，全國施行獨特的徵稅制度，叫做「里甲制」。一個富裕戶率領普通戶組成為一甲，十甲祖成為一里，每里有里長，把里內110戶的夏稅秋糧向縣輸納。這率領10戶的富裕戶叫做「里長戶」，其下面的普通戶叫做「甲首戶」，所以每「里」有10名里長戶，100名甲首戶。里長戶10名之中，每年輪流選舉1名「里長」，10年1換，周而復始。

每10年，為了反映過去10年中的人口變動，由里長編造新的戶口冊（叫做「黃冊」）。

這個「里」不但如此負責於稅糧，而且負責於治安，整個組成一個保甲組織。

但是廣東地區，大致由於宗族力量太強的緣故，跟宗族結合起來的里甲制度不完全消滅，其骨骼保存下來，變成為圖甲制度。10甲組成1圖，圖相當於從前的1里，但1甲不是由10戶組成，而是由為不定的戶數組成。而且每1甲，差不多都是由一個宗族組成的。如下：

| | 四圖 | 三十六圖 | 三十七圖 | 三十八圖 | 三十九圖 | 四十圖 |
|---|---|---|---|---|---|---|
| 1甲 | 羅恩16戶 | 羅筠廷3戶 | 羅復隆8戶 | 陳永昌11戶 | 曾作餘11戶 | 羅文潤4戶 |
| 2甲 | 羅嗣昌39戶 | 梁世昌2戶 | 羅孝思6戶 | 何穗良38戶 | 談屏祖15戶 | 黃命世1戶 |
| 3甲 | 羅廷敬74戶 | 盧榮昌9戶 | 梁振祖3戶 | 陳蘭堂16戶 | 龍復升36戶 | 唐逢源2戶 |
| 4甲 | 談進昌8戶 | 羅同賦2戶 | （原欠） | 談 泰4戶 | 楊世善7戶 | 劉 廣3戶 |
| 5甲 | 羅興隆47戶 | 盧莊祖39戶 | 何善君23戶 | 吳泰興1戶 | 蔡君連19戶 | 羅志高14戶 |
| 6甲 | 秀祖68戶 | 黎開運14戶 | 羅信義52戶 | 舒伯選2戶 | 何復興9戶 | 馮東圃11戶 |
| 7甲 | 龍溪漢130戶 | 羅本秀2戶 | 羅茂昌36戶 | 陳 元1戶 | 談應祖19戶 | 胡禹躍4戶 |

| | 四圖 | 三十六圖 | 三十七圖 | 三十八圖 | 三十九圖 | 四十圖 |
|---|---|---|---|---|---|---|
| 8甲 | 吳承彥11戶 | 胡永貴11戶 | 文承昌7戶 | 羅裕昌14戶 | 李先等77戶 | 李逢春1戶 |
| 9甲 | 羅攸同2戶 | 梁yi臣4戶 | 何言5戶 | 盧萬餘5戶 | 陳啟芳9戶 | 馮古岡 戶 |
| 10甲 | 羅永昌62戶 | 羅乾榮3戶 | 李孔嘉4戶 | 陳秋圍30戶 | 盧萬餘5戶 | 何鼎貴1戶 |
| 稅糧額 | 通圖共米396.5966石 | 通圖共米17.6211石 | 通圖共米50.00439石 | 通圖共米34.9872石 | 通圖共米77.9624石 | 通圖共米23.273石 |

**順德縣大良堡圖甲表**（民國《順德縣志》卷5〈經政略〉）

這裡組成每個甲的戶數，彼此有極大的差別。有的超過10，比如有30多、60多、70多，甚至於超過100，相反地也有不到10，甚至有1、2、5等。組成每甲的戶，每甲「有代表該甲的率領者，大約相當於明代的里長戶。這裡叫做總戶。但很奇怪，這裡民國時代的總戶名字，其大部分跟前200年康熙年間的總戶的名字完全一致，日本大阪大學片山剛教授初次指出「戶名不變」這個事實。

## 二　新界宗族鄉村裡所看到的廣東圖甲制的痕跡

新界農村也有這圖甲制度曾施行的痕跡。

### 1.錦田鄧氏至清代仍用明代初期祖先的名義向縣里輸納渡船稅

嘉慶24年刊《新安縣志》卷3〈地理志〉〔津〕之條下，所錄如下。

> 沙岡渡；鄧洪惠稅渡
> 白石渡；同黃岡渡
> 黃岡渡；鄧洪儀稅渡

錦田、厦村在深圳河邊，大宗族鄧氏利用這種地勢，設置渡船，向乘客收錢，而且其一部分作為商稅向縣官輸納。這個徵稅辦法大致從清代開始。上列的《新安縣志》的記載反映清代後期嘉慶時代的情況。但是他們輸稅時，不使用現

在的族人名義，而使用200年以前的明初祖先(15世祖)鄧洪惠、鄧洪儀的名義。就是廣東圖甲制度的想法。

這裡反映廣東圖甲制下的「戶名不變」的習慣。可以證明新界也施行圖甲制，這種圖甲制有利於宗族，而不利於國家。就是說，國家不能直接掌握農民（直接生產者），而宗族離開國家的控制而自己掌握族人（農民）。

## 三　在新界太平清醮祭祀裡所看到的宗族性特徵

新界農村多以一個單獨宗族組成的單姓村落，這類單姓村落，祠堂極大，社廟極小。比如，鄧姓錦田村有思成堂及茂荊堂兩個堂皇美麗的大祠堂令人瞪目，然而其社廟洪聖廟只是一個渺小的小祠而已。鄧姓龍躍頭村有規模大的祠堂萃雲堂，但其社廟天后廟只是小廟而已。鄧姓厦村，其祠堂友恭堂為壯大美麗，但其社廟沙江天后廟的格式遙遙不如友恭堂，這反映單姓村落的居民對宗族比對社神更為尊重的心態。

廣東圖甲制度由宗族支配的影響

太平清醮儀式秩序表格之中，正3日晚上有迎榜儀式。做這迎榜儀式時，將長大的大榜貼在牆壁上，大榜上寫出參與太平清醮的所有的居民家族的姓名，據此向天神地祇懇求庇佑。其記載形式，先揭示戶主名字，其次將所有家屬名字系於戶主名字之下而排列，鄧姓有家產的家族叫做「緣首」。這緣首排在前面，捐款的外姓家族排在其次，沒有家室的單丁戶（多為佃農）排在後面。最為後面的叫做「榜尾」，就是鄧姓緣首之中，子孫最為繁榮的家戶，即每個世代都有男女，4-5世代同堂居住，備有這類條件的，寫在這裡。

（榜尾戶主是各世代都有男女，而且成年男人都有媳婦，很有大大地添丁的可能性，可算是最為亨受老天恩寵，反映以添丁為理想的觀念。）

可以說，這類大榜是黃冊的分身。大榜是宗族的，黃冊是國家的，兩者互相影響而造成鄉村組織。這裡顯出廣東太平清醮的特色。與此相反，台灣正一派道士的科儀之中，看不到這類迎榜儀式，因為明清里甲制從來沒有施行於台灣地區。

## 四　太平清醮儀式中含有儒禮因素

由於宗族支配太平清醮，其儀式也反映宗族偏愛的儒禮因素。下面舉其例子。

### 1. 肅衣整冠

進表，迎榜，迎聖這三種儀式之中，都有「肅衣整冠」之禮。開始儀式以前，每一個道士，被一個禮生引路，走到鏡子和水盆擱在一起的桌子前面，洗手於水盆，照臉於鏡子，肅整衣冠，然後退到旁邊。5個道士各個照樣做，然後組成一個班列而等候。之後，緣首7人也照樣做「肅衣整冠」之禮。也組成一個班列。兩個班列面對著站立。這儀式表現出十分肅靜的氣氛，可以說富有儒禮因素。禮生身穿黑衣，拿著佛子，引領道士，也相似於儒禮。禮生這個說法也來自儒禮。

### 2. 鄉飲酒之禮

上面肅衣整冠結束，道士班和緣首班彼此面對站立，就開始「鄉飲酒之禮」。高功道士在儀卓前面跪下，拿著酒杯，把酒倒在地上（祝天的儀禮），道士們和緣首們各個拿著酒杯，

兩班相聚在中央，各人一起飲酒，然後雙方繞場，交換位置。高功道士再次在儀卓前面跪下，拿著酒杯，把酒倒在地上（祝地的儀禮），道士們和緣首們各個拿著酒杯，兩班相聚在中央，各人一起飲酒，然後雙方繞場，交換位置（回

歸原來的位置）。這很像儒禮之一，所謂「鄉飲酒之禮」。
進表，迎榜，迎聖這三種儀式之中，配合「肅衣整冠」每次
舉行。

### 3.三跪九叩頭之禮

從天上懇請最高諸神大駕以光臨下界時，道士向神明奉
上最講究的儀式，就是「迎聖」。

這是在太平清醮中最高潮的儀式。這裡道士們肅衣整冠
後，在三清、玉帝、九帝等牌位前面，分別組成東西兩班，
分開站立。禮生兩人，導引道士一人，走到牌位前面，讓道
士做「三跪九叩頭之禮」。道士五人，每人順次這樣做，極
其嚴肅。顯出儒禮的極致。

### 4.分胙

後1日，所有的儀式結束以後，村民把道壇上奉上的金
豬抬下來，用刀切割，向村民分配，這分派胙肉的儀式是屬
於古代的習慣，宗族祭祖時，經常做。鑒於祭祖，做建醮時
也照樣做，可以算是一個儒禮。另外，太平清醮向神明奉上
祭品，都是依著祭祀簿而受到嚴格的規定，不允許隨便節減
原來的規定。這也是來自宗族祭祖的傳統。還可以算是儒家
的傳統。

## 五　小幽科儀之中所看到的廣東獨特的市場性
### ——伊斯蘭商人的踪影

太平清醮的最大的目的是鎮撫孤魂幽鬼，最後一晚將大
量的紙錢、紙衣向孤魂施與而終，這叫做「大幽」。但除了
這規模大的大幽之外，醮期之間，不少有規模更小的所謂「
小幽」科儀。其中最為值得注意的是賣古董，這裡出現類似
伊斯蘭商人，把東西賣給孤魂。可知廣東人甚至於要引進外
國商人以安慰孤魂，這反映廣東的市場性。小幽場地，設有

兩對公仔（紙和竹製造的傀儡），一是地獄來的判官2人，一是賣雜貨的男女2人。道士先跟判官，後跟賣雜貨的商人說話，又說唱。其唱詞表現奇怪的事實。

### 1. 人種

先生：判官老爺，敢煩你請科蘭大哥前來講話。

判官：科蘭大哥有請。

這科蘭大哥的稱呼，很奇怪，很可能是影射回教聖經古蘭經。他本身似乎是伊斯蘭教徒，

### 2. 出生地和職業

接著，他交代自己身份，如下。

科蘭：──白草黃沙，番邦為住家，胡兒女，能騎馬，打戰鼓，咚咚，咚咚咚咚，因貪名利，到中華，──

先生：請了，你是科蘭大哥，你們哪處人事〔士〕？

科蘭：我番邦人事〔士〕。

先生：比如你番邦，我聽聞，國號有幾多國？

科蘭：大國三十六國，小國無倪。

據此，可以推測，科蘭大哥是生長在白草黃沙的番國，所謂三十六國之一，三十六國一定是指西域三十六國而言，他似乎是西北邊疆沙漠的地區來的回族。職業是賣麻糖的小販，掛起羊皮做的招牌，吸引伊斯蘭教徒。

總之，這裡的科蘭大哥為西北回族，不可置疑。

## 六　結　論

最後，筆者希望將新界正一派道士太平清醮儀式跟台灣正一派道士建醮儀式比較而提示廣東地區的特色。

具體來說，廣東道士將所有的居民都寫在大榜，在台灣掛榜儀式裡卻看不見。廣東道士做迎聖儀式時，做鄉飲酒

之禮，三跪九叩頭之禮，台灣道士拜表儀式中也看不見。廣東道士的小幽儀式，伊斯蘭商人登場而跟孤魂做交易，道士唱出賣古董的歌詞，台灣小普之中，看不見。廣東建醮結束時，將胙肉分配與居民，這分胙儀式，在台灣看不見。台灣普度，屠殺大量的犧牲（豬羊雞），擺列其生肉，向孤魂奉上，極為殘酷，與此相對，廣東不用生肉，只用烤紅的豬（金豬），而且避開用生生的祭品，向孤魂只支付紙錢，讓他們跟冥界商人做交易而獲得財物，這間接的辦法減少奉上生肉的殘酷性（跟「君子不入廚房」的儒家想法相同）。

　　這差別，從哪裡產生呢？其原因在於大宗族存在不存在的事實上。廣東鄉村是大宗族支配，建醮的經費大部分由宗族祠產支持，如此建醮在他宗族的想法之下進行。從而帶有濃厚的宗族色彩，比如，肅衣整冠，鄉飲酒，分胙等等。台灣鄉村是由小民組成，沒有廣東那樣

　　大宗族支配鄉村的因素。建醮可以貫徹其宗教性。廣東建醮，其宗教性受到大宗族的控制被歪曲而接近儒教儀式。這是本文的結論。


（香港浸會大學與中國文化院聯合主辦

「第二屆中華國學論壇」會議論文，2014.9.26）

# 清代以前香港地區的歷史與翻譯活動考略

羅　慧

香港大學饒宗頤學術館

## 一、緒　論

香港之建城，始自19世紀40年代的中英鴉片戰爭；作為前殖民地，香港從開埠至今均為中英雙語並用，翻譯因此對其社會經濟文化發展起著極為重要的作用。正因為如此，今天我們談到香港地區的翻譯活動史時，也自然而然地從鴉片戰爭、英國人到來之後說起。很少有人會意識到，翻譯活動在香港地區的存在歷史之長，或許遠遠超出人的想象。

眾所周知，香港是中國南海沿岸上傳統「邊陲之地」。而中國自古以來，不同部族之間即存在着往來交流。[1]如《竹書紀年》中即載有夏商時代，不同周邊部落「來賓」朝貢的記載。[2]這些外交活動之中，即很有可能伴隨着翻譯的行為。而有史可考的翻譯行為，則最早可溯至周王朝。見《周禮·秋官司寇》：

---

1　馬祖毅等著，《中國翻譯通史·古代部分》（武漢：湖北教育出版社，2006年），頁1。

2　如《古本竹書紀年·夏紀》載有「（后相）七年，于夷來賓」，「少康即位，方夷來賓」等。參見范祥雍編，《古本竹書紀年輯校訂補》（上海：上海人民出版社，1962年），頁5-24。

象胥：掌蠻夷、閩貉、戎狄之國使，掌傳王
之言而諭説焉，以和親之。若以時入賓，則協其
禮與其辭，言傳之。[3]

又見《禮記・王制》：

中國、夷、蠻、戎、狄，皆有安居、和味、
宜服、利用、備器，五方之民，言語不通，嗜欲
不同。達其志，通其欲：東方曰寄，南方曰象，
西方曰狄鞮，北方曰譯。[4]

　　由此，可知當時已經有了相當成熟的翻譯機構和官職制
度。這些機構和制度設置，主要乃是為了解決四裔之民與中
原王朝語言不通之下的交往需要。

　　考慮到香港地區也屬於「南蠻」的地域範圍內，則遠古
之時的香港地區通行語言與中原地區不同，也是可以想象的
了。由於文獻記錄的缺乏，我們無以判斷香港翻譯史之真正
開端所在。但由於不同族群所持語言不同，相互交流之時必
定伴隨着翻譯行為的發生；同時，作為「海上絲路」的古老
經停地，香港在不同的歷史時期，極有可能存在著不同語言
和文化的碰撞，從而導致翻譯活動的發生；我們仍能試着從
香港地區自身的文化變遷、其與外界的交往歷史等，勾勒香
港早期翻譯歷史的開端與發展。本文因此擬簡要梳理上古時
期至清以前的香港地區的歷史發展概況和其在文化交流中的
作用，由此出發考察這段時期內香港地區翻譯活動的變化發
展趨勢。

---

3　[漢]鄭玄注，[唐]賈公彥疏，《周禮注疏》卷三十八，《四部備
　　要》本（上海：中華書局，1936），頁。
4　[漢]鄭玄注，[唐]孔穎達疏，《禮記正義》卷十二，《四部備
　　要》本（上海：中華書局，1935），頁152。

## 二、上古至商周時期

　　香港地處中國大陸南端,位於南海之濱的珠江口東岸,地理條件上利於對外交流。事實上,自古以來,此地即為南中國海向外交往的重要通道。考古材料顯示,香港自六七千年前即有人類居住活動。史前先民傍海而居,靠海為生,發展出一種與沿岸海洋生態相適應的原始社會形態。[5]這種文化一開始就不是孤立的存在:南丫島大灣遺址出土的彩陶、白陶,或即由長江流域中游的大溪文化輾轉傳來;屯門湧浪遺址出土的玦飾,則與浙江的良渚文化密切相關。考古學界認為,在距今4000-7000年間的新石器時代,香港與長江地區的古文化明顯有過頻繁的交流。兩地古代文化交流的途徑,一是經河路,沿內陸河流,由長江中游經粵西江或北江最後傳入香港;二是經海路,由沿海江浙至福建經粵東,最後本地。[6]

　　商周時代,香港地區與外界交流的歷史痕跡更加清晰。在香港南丫島大灣遺址出土的商代牙璋等,則說明進入青銅時代之後,香港本地又與受到中原禮器文化的影響。[7]另一方面,安陽殷墟、鄭州二里岡商代遺址墓葬出土之龜甲、安子貝、貨貝等,即有產自南海(含香港、海南島)者。[8]這與《逸周書·王會解》所載商朝初年南方各族向商王成湯進貢特產

5　William Meacham, *The Archaeology of Hong Kong* (Hong Kong: Hong Kong University Press, 2009), pp.69-143.

6　王國華主編,鄧聰、蕭國健等著:《香港文化發展史》(香港:中華書局,2014年),頁33-42,53-57。

7　王國華主編,鄧聰、蕭國健等著:《香港文化發展史》(香港:中華書局,2014年),頁69-78。

8　楊式挺,〈略論南海早期交通貿易二題〉,《嶺南文物考古論集》(廣州:廣州省地圖出版社,1998年),頁159。

一事，有相合之處。[9]有學者認為，「那些沿海之璋當屬商王
遣使執王命所掌信符，並以求龜、貝為主要使命」。[10]這說
明，當時的中央王朝與南方、嶺南以至南海域外，已經出現
一種間接或直接的朝貢貿易網。[11]而香港，亦在此朝貢貿易
網的覆蓋範圍內，這種貿易聯繫至兩周得到進一步的確立和
管理，直接負責處理相關事宜的，即是前文所述「象胥」等
官員。也就是說，香港雖地處偏僻，但其翻譯歷史，可能在
商周甚至更早即已發端。

　　最早在香港地區生活的居民，是古越人。香港馬灣出
土有距今四千多年的中年女性頭骨，生前拔除了一對上頜中
門齒，即是典型的越人風俗。[12]越人之習用語言，與別族不
同，漢劉向之《說苑·善說》對此記載有一則詳細的案例：

　　　襄成君始封之日，衣翠衣，帶玉璲劍，履
縞舄，立于流水之上，大夫擁鐘錘，縣令執枹號
令，呼誰能渡王者。於是也，楚大夫莊辛過而

9　《逸周書·王會解》：「湯問伊尹曰：『諸侯來獻，或無馬牛
　　之所生而獻遠方之物，事實相反，不利。今吾欲因其地勢所有
　　獻之，必易得而不貴，其為四方獻令。』伊尹受命，於是為四
　　方令曰：『臣請正東符婁、仇州、伊慮、漚深、九夷十蠻、越
　　漚、鬋文身，請令以魚支之鞞、□鯛之醬、鮫盾、利劍為獻。
　　正南甌鄧、桂國、損子、產里、百濮、九菌，請令以珠璣、瑇
　　瑁、象齒、文犀、翠羽、菌鶴、短狗為獻。……』」（黃懷信
　　撰，《逸周書彙校集注》，上海：上海古籍出版社，1995年，
　　頁970-976。）這段記錄反映商初時，中央王朝與周邊方國之間
　　的朝貢交流已經存在了較長的時間，故商王對各地之特產已有
　　一定瞭解。
10　裴安平，〈中原商代「牙璋」南下沿海的路線與意義〉，《南中
　　國及鄰近地區古文化研究：慶祝鄭德坤教授從事學術活動六十週
　　年論文集》（香港：中文大學出版社，1994年），頁69-78。
11　楊式挺、邱立誠等著：《廣東先秦考古》（廣州：廣東人民出
　　版社，2015年），頁60-62。
12　韓康信、董新林，〈香港馬灣島東灣仔北史前遺址出土人骨鑒
　　定〉，《考古》1996年6期，頁18-25。楊式挺：〈略論我國古代
　　的拔牙風俗〉，《廣西民族研究》2005年第3期，頁145-152。

說之,遂造託而拜謁起立曰:「臣願把君之手,
其可乎?」襄成君忿然作色而不言。莊辛遷延盥
手而稱曰:「君獨不聞夫鄂君子皙之汎舟於新波
之中也?乘青翰之舟,極萳茈,張翠蓋,而擣犀
尾,班麗袿衽,會鐘鼓之音畢,榜枻越人擁楫而
歌,歌辭曰:『濫兮抃草濫予昌 澤予昌州州 州
焉乎秦胥胥縵予乎昭澶秦踰滲惿隨河湖。』鄂君
子皙曰:『吾不知越歌,子試為我楚說之。』於
是乃召越譯,乃楚說之曰:『今夕何夕兮搴舟中
流,今日何日兮得與王子同舟。蒙羞被好兮不訾
詬恥,心幾頑而不絕兮知得王子。山有木兮木有
枝,心說君兮君不知。』於是鄂君子皙乃揄修袂
行而擁之,舉繡被而覆之。鄂君子皙親楚王母弟
也,官為令尹,爵為執珪,一榜枻越人猶得交歡
盡意焉。今君何以踰於鄂君子皙?臣何以獨不若
榜枻之人?願把君之手,其不可何也?」[13]

　　襄成君生平不可考,但莊辛則是戰國後期楚襄王(公元
前298年-前264年在位)朝的大臣,與屈原、宋玉是同時代
人。莊辛所述的鄂君子皙則是春秋時楚靈王(公元前541-前
529年在位)的弟弟。這是中國歷史可考最早的文學翻譯記
錄;有學者認為,文中記載的古越語,或與今日壯、侗族語
族相近,為粘著語。[14]楚人語言與其不同,相互溝通需要依
靠「越譯」進行。「榜枻越人」,則應屬「百越」族群中之
揚越。儘管這個故事發生地應為今日湖北、江淮一帶;該地
越人之語言,未必與地處嶺南之「南越」完全一樣。而羅香
林先生以為南越作為百越之一種,亦屬揚越的一部分,以其

13　[漢]劉向撰、向宗魯校證,《說苑校證》(北京:中華書
　　局,1987年),頁277-279。

14　錢玉趾:〈中國最早的文學翻譯作品〈越人歌〉〉,《中國文
　　化》第十九、二十期(2002年),頁330-334。

地為揚越南部,故得其名。[15]故可以推測,當時包括香港在內的南越地區與外族之交流、貿易之情形,應亦與此大致相同,需要通過專門的翻譯進行。

## 三、秦漢──魏晉南北朝時期

秦始皇統一六國之後,「發卒五十萬,為五軍」(《淮南子‧人間訓》),揮兵嶺南。始皇三十三年(即公元前214年)平定百越,設立南海、桂林、象郡三郡。自此,香港地區正式被納入中央政權的統治,隸屬南海郡番禺縣。[16]漢興秦滅之際,趙佗建立南越國,共傳五代,歷時九十三年。漢武帝元年鼎六年(即公元前111年),派軍平定南越國,分設南海、合浦、蒼梧、鬱林、交趾、九真、日南七郡,至此,原南越國與周邊地區的邊關、卡哨被徹底裁撤。[17]香港仍隸南海郡番禺縣,完全被納入中央政權的直接控制範圍。三國時期(公元220-280年),香港屬於東吳南海郡番禺縣,東晉成帝咸和六年(331),香港改屬東莞郡寶安縣。[18]

這一系列歷史事件對嶺南地區的社會經濟文化發展影響深遠:秦始皇平定嶺南後,即「發諸嘗逋亡人、贅婿、賈人」至嶺南,「以適遣戍」(《史記‧秦始皇本紀》)。其後數年間,還有幾次大規模的移民。加上留戍嶺南的秦軍,移入的人口總數十分可觀。這些移民將鐵製農具、牛耕技術等

---

15 羅香林,《百越源流與文化》(臺北:國立編譯館中華叢書編審委員會,1978年增補再版),頁65-70。

16 王國華主編,鄧聰、蕭國健等著:《香港文化發展史》(香港:中華書局,2014年),頁108-109。

17 張榮芳、黃淼章著:《南越國史》(廣州:廣東人民出版社,1995年),頁364-373。

18 羅香林,〈李鄭屋村與香港地區自漢至清初之沿革〉,《慶祝李濟先生七十歲論文集》上冊(臺北:清華學報社,1965年),頁75-82。

北方生產技術帶入嶺南，極大促進了嶺南各地的開發。[19]香港地區，自然受此影響，大嶼山白芒遺址出土之西漢初年鐵錛、鐵鋤，即是有力的證據。[20]

　　除了社會經濟層面的影響，這些移民更與越人通婚，極大促進了漢越的民族融合。[21]在文化層面上，由於中原政治、文化體系的統治地位，則體現出中原文化對本地的同化影響。《安南志略》載：「趙佗王南越，稍以詩禮化其民」，大力推廣漢語言文化及禮樂制度，結果嶺南地區「華風日興」、「學校漸弘」。[22]嶺南出土之漢代文物，不少銘有漢字。如香港著名的李鄭屋東漢墓，出土有鑴有「大吉番禺」、「番禺大治曆」字樣的墓磚，[23]說明最遲此時，漢字開始在香港地區得到使用。

　　雖然嶺南地區自趙佗平南越之後即開始漢化，但這必定是一個較為漫長的過程。本地的越族語言，仍應通行有相當時間。《三國志·吳書·薛綜傳》載，漢武帝初平南越之時，「山川長遠，習俗不齊，言語同異，重譯乃通，民如禽獸，長幼無別，椎結徒跣，貫頭左袵，長吏之設，雖有若無」；至三國年間，「已降四百餘年」，同屬南越地境的交州風俗

19　張榮芳、黃淼章著：《南越國史》（廣州：廣東人民出版社，1995年），頁40-43。

20　王國華主編，鄧聰、蕭國健等著：《香港文化發展史》（香港：中華書局，2014年），頁108-111；朱海仁：〈香港漢代考古發現與研究〉，見中國社會科學院考古研究所、廣州市文物考古研究所編，《西漢南越國考古與漢文化》（北京：科學出版社，2010年），頁42-62。

21　張榮芳、黃淼章著：《南越國史》（廣州：廣東人民出版社，1995年），頁40-43。

22　張榮芳、黃淼章著：《南越國史》（廣州：廣東人民出版社，1995年），頁100-101。

23　饒宗頤：〈李鄭屋村古墓磚文考釋〉，《中央研究院歷史語言研究所集刊》第39本上（1969年1月），頁41-44。

仍「頗有此類」。香港的情況，或也大致如此。[24]

　　三國至南北朝階段，中國北方長期戰亂，中原大族紛紛移居相對穩定的南方。香港地區之漢族戶口漸繁，珠江三角洲乃至深圳、香港的文物古跡發現，亦能體現這一點。[25]另一方面，最遲自秦漢之際起，嶺南地區與南洋即存在有一條海上貿易之路，東南亞的沉香、龍腦等香料即由此路傳入南越，繼而影響中原地區；[26]而在嶺南地區出土的漢代舶來品，特別是來自東南亞、西亞甚至地中海沿岸的金銀器等奇珍異寶更是，這條「海上絲路」最有力的證明。[27]香港地區，很早即是這條路上重要的一點：今日屯門青山杯渡寺，據說就是劉宋時期名僧杯渡禪師往來交（州）廣（州）之間所居之地；當時的屯門，已是交、廣之交通要地。而此時廣東地區佛教已興，印度等國的不少僧人至廣州建寺傳教和翻譯佛經，[28]耆域、達摩等名僧，不少可能駐錫或路經屯門。[29]另外，香港—福建之間的海上交通，或也在這段時間即已存在：據陳伯陶《東莞縣志》，東晉末年，孫恩、盧循之亂，盧循兵敗後，由晉安（今福建省南安縣）沿海路退至番禺盧

24 [晉] 陳壽撰，[南朝宋]裴松之著，盧守助校點：《三國志》（上海：上海古籍出版社，2002年），頁1154。

25 王國華主編，鄧聰、蕭國健等著：《香港文化發展史》（香港：中華書局，2014年），頁123-128。

26 白雲翔：〈嶺南地區發現的漢代舶來金銀器述論〉，見中國社會科學院考古研究所、廣州市文物考古研究所編，《西漢南越國考古與漢文化》（北京：科學出版社，2010年），頁149-163。

27 李龍章：〈嶺南地區出土的漢代熏爐及熏香習俗起源淺議〉，見中國社會科學院考古研究所、廣州市文物考古研究所編，《西漢南越國考古與漢文化》（北京：科學出版社，2010年），頁164-176。

28 楊鶴書，〈從公元三至七世紀佛教在廣州的傳播看中外文化交流〉，《廣州與海上絲綢之路》（廣州：廣東省社會科學院，1991年），頁105-121。

29 蕭國健，《香港古代史（修訂版）》（香港：中華書局（香港）有限公司，2006年），頁6-8。

亭,即今日大嶼山一帶。[30]這段故事之真實性或存在爭議,但香港在魏晉時即有着相當規模的海上交通的,則是毫無疑問的。這也意味着,秦漢—魏晉南北朝時期的香港地區,總體大致應是一種漢族與嶺南少數民族之間翻譯需求下降,與海外溝通、翻譯需求興起的趨勢。

## 四、隋唐宋元時期

隋唐起,珠江三角洲一帶成為嶺南海上交通重要出口。唐初,廣州開始設置市舶使(宋代起改稱市舶司)管理對外貿易,中外商船雲集,由此出發的商船,遠達波斯灣、紅海地區乃至東非沿岸。[31]香港的屯門,因其地理位置緊扼珠江口外要衝,可視為「廣州海上交通之外港」。[32]《新唐書·地理志》卷四十三下〈地理志七下〉「廣州通海夷道」條云:「廣州東南海行二百里,至屯門山。乃帆風西行二日,至九州石,又南二日,至象石,又西南三日行,至占不勞山,山在環王國東二百里海中。又南二日行,至陵山。又一日行,至門毒國。又一日行,至古笪國。又半日行,至奔陀浪洲。又兩日行,至軍突弄山。又五日行,至海峽,蕃人謂之質,南北百里,北岸為羅越國,南岸為佛逝國……」[33]宋周去非《嶺外代答》卷三〈外國門下〉「航海外夷」條,亦云:「三佛齊(按即為室利佛逝國)者,諸國海盜往來之要衝

30　羅香林,《一八四二年以前之香港及其對外交通——香港前代史》(香港:中國學社,1963年),頁7-8。蕭國健,《香港古代史(修訂版)》(香港:中華書局(香港)有限公司,2006年),頁6-8。

31　黃啟臣,〈廣州海上絲綢之路的興起與發展〉,《廣州與海上絲綢之路》(廣州:廣東省社會科學院,1991年),頁51-67。

32　羅香林,《一八四二年以前之香港及其對外交通——香港前代史》(香港:中國學社,1963年),頁8。

33　[宋]歐陽修,《新唐書》第四冊(北京:中華書局,1975年),頁1153。

也。三佛齊之來也，正北行，舟歷上下竺與交洋，乃至中國之境。其欲至廣者，入自屯門。欲至泉州者，人自甲子門。」[34]也就是說，凡波斯、阿拉伯、印度、東南亞一帶的商船，必先經停屯門，然後北上貿易。

由於停泊的商船眾多,而且被視為險要所在，唐開元年間，寶安縣地始設屯門鎮駐兵，由嶺南節度使直接管轄，鞏衛鄰近一帶海域。由是，隨軍南來經商者日多，大多聚居屯門灣畔。[35]香港各地海灣都發現唐代相關遺跡、遺物，[36]唐代文學作品中亦可見提及屯門的詩作。[37]這些都可以佐證當時屯門乃至整個香港地區在海上貿易中的重要性。宋代以後香港地區以大奚山見稱，隸屬廣州路東莞縣。東部的佛門堂，設有稅關，對往來商船抽收關稅，則成為閩浙入粵船舶必經的據點。[38]至元代，香港屬廣州路東莞縣轄管，區內設屯門巡檢司，惟其職能僅為稽查私鹽等；[39]加之元代刺桐（泉州）取代廣州，成為中國乃至全世界最大貿易港口。然而廣州之對外貿易仍在發展中，不僅亞洲國家，而且非洲甚至

---

34 [宋]歐陽修，《嶺外代答》，見[清]鮑廷博輯，《知不足齋叢書》（七）（京都：中文出版社，1980年），頁4447。

35 《唐會要·安南都護府》開元二十四年正月條。參蕭國健，《香港古代史（修訂版）》（香港：中華書局（香港）有限公司，2006年），頁9-15。

36 王國華主編，鄧聰、蕭國健等著：《香港文化發展史》（香港：中華書局，2014年），頁128-147。

37 如韓愈〈贈別元十八協律〉之六：「屯門雖云高，亦映波濤沒」；劉禹錫〈踏潮歌〉：「屯門積日無回飆，滄波不歸成踏潮」。參見蕭國健，《香港古代史（修訂版）》（香港：中華書局（香港）有限公司，2006年），頁10。

38 嘉慶《重修新安縣志·山水略》：「北廟（按即北佛堂）創於宋，……廟右曰碇齒灣，古有稅關，今廢、基址猶存。」（[清]舒懋官修，王崇熙等撰，《新安縣志》，臺北：成文出版社，1974年，頁136）另參蕭國健，《香港古代史（修訂版）》（香港：中華書局（香港）有限公司，2006年），頁21-25。

39 蕭國健，《香港古代史（修訂版）》（香港：中華書局（香港）有限公司，2006年），頁33。

歐洲的國家的商船已不斷前來貿易；[40]而據元代中期來華的意大利方濟各會僧侶鄂多立克(Friar Odoric, 1265-1331)的遊記，當時存在一條由威尼斯航行至特列比松（Trebizond，位於黑海南岸，今土耳其境內），改陸路經大亞美尼亞、君士坦丁堡等歐亞國家至巴格達，然後在波斯灣起航至印度，南洋諸島再至廣州、泉州、寧波、杭州、南京、揚州轉京杭大運河至汗八里（北京）的路線；[41]因此，元代對香港地區商貿活動的記載雖闕，但仍很有可能有不少經海路來華的外國商船行經及停泊香港。

各地商船聚集停泊之處，難免需要翻譯。據中外文獻記載，唐宋年間，有十數萬「蕃客」聚居於廣州城外，從事商貿活動；其中，以波斯人和阿拉伯人的勢力最大，阿拉伯人尤甚。[42]由此可推論，當時經停屯門的海外商客，亦應以操波斯語或阿拉伯語者為最多。漢籍中對唐宋沿海對外貿易中所用語言或翻譯行為記載甚少，但據阿拉伯舊籍，當時沒有中國人通曉阿拉伯語。[43]故推測貿易交流之中，應是以漢語為通用語；而考慮到未必所有來華外商都通曉漢語，當時來華的商船上，很有可能攜帶有本族通曉漢語的翻譯。此外，當時蕃坊中有所謂「蕃長」一職，由長居的蕃客中選出，「管勾蕃坊公事，專切招邀蕃商入貢」，起到協助官府管理的「

---

40 黃啟臣，〈略論元代廣州的海外貿易〉，《淡江史學》民國八十二年六月第五期，頁71-84。

41 [意]鄂多立克(Friar Odoric)著，《鄂多立克東遊錄》（*The Eastern Parts of the World*），見何高濟譯，《海屯行紀·鄂多立克東遊錄·沙哈魯遣使中國記》（北京：中華書局，1981年），頁23-90。

42 參韓振華，〈唐代南海貿易誌〉，《航海交通貿易研究》（香港：香港大學亞洲研究中心，2002年），頁328-370；張啓亮，〈海上絲綢之路歷史名城的重要見證——唐宋廣州的蕃客及蕃坊略論〉，《嶺南文史》2015年3期，頁15-18。

43 穆根來等譯，《中國印度見聞錄》（北京：中華書局，1983年），頁24。

中間人」作用；[44]這些人理論上應同時通曉蕃語與漢語，或亦兼具翻譯的功能。

　　除了對外的翻譯活動外，本地族群之間，可能仍存在語言差異。唐代，除屯門灣畔聚居的商客外，區內居民仍多為土著，以峯（畬）、傜、蜑為主。[45]至南宋紹興年間（1131-1162），還發生過傜人叛亂事件。[46]然唐宋中原多次戰亂，異族南侵，以致中原人士大量南遷。南宋末年，帝昰、帝昺避元軍南遷，曾在香港境內駐蹕凡六月之久，隨行人員及眷屬，後來有部分未隨之轉移，定居此地。至元代，隨着大量中原移民在新界定居並與原住民同化，香港地區的漢化程度進一步加深。今天香港新界原居民中的五大氏族，即錦田鄧氏、上水侯氏、上水廖氏、新田文氏及粉嶺彭氏，即都是在宋元之時遷入。[47]

## 五、明代至開埠前的香港與翻譯之需求

　　十四世紀，歐洲文藝復興以來經濟、文明發展迅速，各國對東方奢侈品的需求越發強烈。而元代來華的意大利商人（如馬可波羅）、天主教士（如鄂多立克）的東方紀行，又大大刺激了歐人探索遠東的熱情。加之當時東西交通的海、陸二道卻被阿拉伯人或土耳其人所壟斷，歐洲商人急需尋覓新的獨立航路，最終導致了15世紀的「地理大發現」。今日我們所說的「全球化進程」，由此揭開序幕。香港地區也在

44　陳學軍，〈宋代廣州的蕃姓海商〉，《廣州與海洋文明》（廣州：中山大學出版社，1997年），頁49-126。

45　蕭國健，《香港古代史（修訂版）》（香港：中華書局（香港）有限公司，2006年），頁12-13。

46　林天蔚，〈南宋時大嶼山為傜區之試證〉，《崇基學報》第3卷第2期（1965年4月），頁175-189。

47　蕭國健，《香港古代史（修訂版）》（香港：中華書局（香港）有限公司，2006年），頁12-13，33-37。

這個進程中，開始進入歐洲人的視野。另一方面，明清兩朝間關於香港地區的文獻記載遠較之前豐富，我們也因此能從中知曉當時香港對外交通的更多細節。

明代，香港地區最初屬廣州府東莞縣，萬曆元年（1573）改隸新安縣。明代從北方遷入的人士與日俱增，多以農耕為業。據明郭棐《粵大記》所附之《廣東沿海圖》，香港地區的地名有七十三處之多，[48]可見當時人口和社會有著相當發展。而沿海一帶，還生活有一些蜑民，以漁鹽為業。[49]此外，明代香港的土沉香種植和出口貿易十分發達。新界地區如沙田瀝源、大嶼山沙螺灣等地的土質和氣候適宜土沉香樹的生長，所產的香品遠近聞名，稱為莞香，多經水路北上，暢銷蘇杭及京師各地。運送莞香的船隻多由香港島石排灣發出，故附近有地名香港村，此即香港地名之由來。[50]

除香料貿易外，明代香港還存在有瓷器貿易。大埔碗窰村發現有明代碗窰遺址，所製之青花瓷除運往珠江三角洲東莞、新會、江門一帶銷售外，部分遠銷至南洋。此外，也有外地瓷器輸入或過境的情況。二十世紀八九十年代，在大嶼山竹篙灣出土了大量青花瓷碎片，經鑒定，大部分屬於明成化至正德年間的江西景德鎮瓷。這批瓷器是被有意整齊掩埋，估計很可能是轉口時，意外破損被遺留此地。[51]

明初，明太祖實行禁海政策，除海外藩國以「進貢」為名而進行的朝貢貿易外，嚴禁民間「私通海外」。永樂鄭和下西洋之後，海禁有所放鬆，但直至明朝覆滅，中央政府的對外政策一直在「開海」與「禁海」之間搖擺。儘管如

---

48 [明]郭棐，《粵大記》，（廣州：中山大學出版社，1998），頁907-924。

49 蕭國健，《香港古代史（修訂版）》，頁40-59。

50 蕭國健，〈莞香與香港之得名〉，《饒學與華學：第二屆饒宗頤與華學暨香港大學饒宗頤學術館成立十周年慶典國際學術研討會論文集》（上海：上海辭書出版社，2016），上冊，頁532-534。

51 商志，〈香港地區窰址和青花瓷的發現與研究〉，《香港考古論集》（北京：文物出版社，2000），頁171-183。

此，被視為非法的私人海外貿易一直相當活躍。[52]據現有資料看，明朝的香港地區，「合法」和「非法」的對外交流都有存在，這大概是因為香港位於南洋諸國往廣州市舶貿易必經之路，又與城市有一定距離的緣故。明嘉靖黃佐《廣東通志·外志三·番夷》記載，合乎《明會典》朝貢記錄的「暹羅國並該國管下甘蒲沰、六坤州與滿剌加、順塔、占城各國」的商船，被允許「灣泊有定所」，其中就包括「東筦雞棲、屯門、虎頭門等處海澳」。[53]而前文所述竹篙灣出土的景德鎮青花瓷，則有可能是走私南洋的貨物，亦有學者認為，這批瓷器或與正德年間初次來華的葡萄牙人（「佛郎機」）有關。[54]

　　十五世紀末，葡萄牙船隊發現了由非洲好望角進入亞洲新航線，來到印度洋海域，並於正德六年（1511）攻佔當時的南洋貿易中心滿剌加（馬六甲）。其後，葡萄牙人即以馬六甲為基地，向中國進發。據說早在正德八年（1513），葡萄牙船隊即首次抵達珠江口外的Tamao島進行走私貿易，並立下刻有葡國徽章的石柱。從此，葡萄牙人即以此為「貿易之島」（Ilha da Beniaga），與華人私商互市，現在學界一般認為，其地即是香港屯門，[55]廣東官員亦在此徵收稅款。[56]

52 黃慶華，《中葡關係史（1513-1999）》（合肥：黃山書社，2006），上冊，頁11-24。

53 [明]黃佐撰，《廣東通志》（香港：大東圖書公司，1977），頁1783-1784。

54 Lam P. Y. K.,“Late 15th to Early 16th Century Blue and White Porcelain from Penny's Bay, Hong Kong.” *Journal of the Archaeological Society*, Vol. 12 (1986-1988), pp.146-162.

55 按：對於葡萄牙文獻中的這個屯門的具體位置，中外學者多有爭論，至今尚未達成共識。最常見的說法有二，一是香港今日屯門青山灣一帶，二是位於大嶼山的屯門澳。今學者多取後說。但此屯門應在香港境內，則幾可以肯定。參林天蔚、蕭國健，〈十六世紀葡萄牙人在香港事蹟考〉，《香港前代史論集》（臺北：臺灣商務印書館，1985），頁130-205；金國平，〈Tumon雜考〉，《西力東漸──中葡早期接觸追昔》（澳門：澳門基金會，2000），頁19-42。

56 [葡]多默·皮列士(Pires, Tomé)著，何高濟譯，《東方志》（*Suma Oriental of Tomé Pires*，南京：江蘇將於出版社，2005），頁98。

正德十二年（1517），葡萄牙駐馬六甲總督派遣船主費爾南 (Fernão Peres de Andrade) 的船隊，偕使者皮雷斯 (Tomé Pires) 出使中國，要求中國允許葡萄牙人在廣東及其附近島嶼建造房屋和要塞。使團船隊被中國水師截停，在屯門等候月餘後強闖廣州內河，請求入京覲見。葡萄牙人獲許上岸互市，費爾南旋即返回屯門島，而皮雷斯使團則翌年始得上京。這是中葡通使的開端。正德十四年（1519），費爾南之弟西蒙 (Simão de Andrade) 奉命前來接替其兄並迎接使團回國，趁機在屯門「蓋屋樹柵，恃銃以自固」[57]，製造火器，拐賣人口，肆意掠奪，引起朝野共怒。加之滿剌加使者前來告難，明廷決定遣返葡國使團，禁止其朝貢。該使團大部分成員被投入廣州的監獄，並死於獄中。正德十六年（1521），中國水師在屯門大敗葡萄牙艦隊；翌年，又於茜草灣（有說位於大嶼山西北）再戰，焚毀葡船多艘；同年，一批在屯門被捕的葡萄人被處決，所建房屋被拆毀。自此，香港屯門一帶再無葡人居留。[58]

可見，明代的香港對內、對外貿易都十分活躍。本地華人與海外商客交流、貿易者中，應略通外商的語言，但目前缺乏有關的資料證實這一點。來華的蕃船上，多僱傭有華人翻譯，則屢屢見諸文獻。蓋因閩粵沿海一帶的華人出於逃避戰亂、天災、其他經濟乃至政治因素而移民南洋的歷史十分悠久，文獻記錄最早可追溯至唐代。[59]到了明代，特別中後期，東南亞地區已有不少相當規模的華人社區存在，這些華裔移民之中，不少為海商、水手甚至海盜出身，同時通曉番

---

57 [明]嚴從簡，《殊域周咨錄》卷九「佛朗機」條，《續修四庫全書》（上海：上海古籍出版社，1995），第735冊，頁711。

58 這一段歷史的有關細節參：黃慶華《中葡關係史（1513-1999）》，上冊，頁78-126；吳志良等主編，《澳門編年史》（廣州：廣東人民出版社，2009），第一卷，頁1-49。

59 李恩涵，《東南亞華人史》（臺北：五南圖書出版股份有限公司，2003），頁54-61。

漢語者眾多。[60]因此，連各蕃國入貢的外國使團中，多有用
華人為通事甚至貢使的情況，史稱「華人夷官」。僅滿剌加
一地，即錄有華裔貢使端亞智、亞劉二人。[61]葡萄牙人佔據
馬六甲後，亦沿用了當地以華人為通事與華通商的慣例。這
些華人通事亦隨著葡船來到香港地區，其中文獻可考者有：

## 1. 火者亞三

前文所述的費爾南、皮雷斯使團中，有五名翻譯，皆是
華人。[62]火者亞三即是其一，其名見於《明史‧佛郎機傳》：

> 佛郎機……已而夤緣鎮守中貴，許入京，武
> 宗南巡，其使火者亞三因江彬侍帝左右，帝時學
> 其語以為戲……亞三侍帝驕甚，從駕入都，居會
> 同館，見提督主事梁焯不屈膝，焯怒撻之，彬大
> 詬曰：「彼嘗與天子嬉戲，肯跪汝小官邪？」明
> 年，武宗崩，亞三下吏，自言本華人，為番人所
> 使，乃伏法。[63]

「火者」，即閹人。[64]「亞三」明顯是化名，閩、粵之

---

60　李恩涵，《東南亞華人史》，頁109-113。

61　陳學霖，〈「華人夷官」：明代外蕃華籍貢使考述〉，《中國文
化研究所學報》第54期（2012年1月），頁29-68。

62　[葡]維耶拉 (Cristvão Vieira) 著，金國平譯，〈廣州葡囚信〉，金
國平：《中葡關係史地考證》（澳門：澳門基金會，2000），頁
159。

63　[清]張廷玉等著，《明史》（北京：中華書局，1974），第28
冊，頁8430-8431。

64　學界對「火者三亞」之「火者」主要有兩種說法，除「閹人說」
外，另一說為回教尊稱，實誤。檢《明史》，其中「火者」多指
閹人。如《明史‧輿服三》：「內使冠服：明初置內使監，冠烏
紗描金曲腳帽，衣胸背花盤領窄袖衫，烏角帶，靴用紅扇面黑下
椿。各宮火者，服與庶人同。洪武三年諭宰臣，內使監未有職名
者，當別制冠，以別監官。」故知，「火者」即為宮廷中地位較
低的役使寺人，也用於泛指宮廷之外的普通閹人。

地常見這樣以「亞/阿-」構成的名字或稱呼。另有歷史文獻表明，閩、粵地區素有私閹兒童之惡習，明代此風仍盛。[65]火者亞三大概是原籍閩、粵的南洋華僑，隨同皮雷斯使團來到，通過賄賂地方官員而令使團得以進京，因與正德皇帝寵信的大太監江彬交好而隨侍皇帝左右，深得這位喜歡玩樂的年輕皇帝的歡心，甚至還教皇帝外語取樂，武宗死後，或由於皮雷斯使團之被逐，也可能是由於與江彬關係過於密切而被殺。至於這位翻譯的真實姓名、生平等，正史未見記錄，學界對此持有不同看法；他教授正德黃帝的「番語」究竟是波斯語、馬來語還是葡萄牙語，也一直未有定論。[66]但火者亞三作為使團翻譯，隨團上京之前必定在香港停留過不短的時間。使團成員卡爾沃 (Vasco Calvo) 和維耶拉 (CristóvãoV-eeira)　在廣州獄中寫下的信函中提及使團通事翻譯/代撰葡萄

---

65　《新唐書》卷二零七《列傳·宦者上·吐突承璀》即有載：「是時，諸道歲進閹兒，號『私白』，閩、嶺最多，後皆任事，當時謂閩為中官區藪。」〔[宋]歐陽修、宋祁撰，《新唐書》，第4冊，頁5870。〕明代時，儘管皇帝再三下令嚴禁，私閹之風仍甚為猖狂。明人沈德符《萬曆野獲編·補遺一·內監》載：「英宗朝最嚴自宮之禁，而臣下不奉行者，則時時有之……豈閩中為唐、宋中官窟宅，至今尚然，即古所稱私白者耶？……欲釐敝習，不亦難乎？」「……正德二年九月申嚴自宮之禁，但有潛留京師者論死。時宦官寵盛，愚民盡閹其子孫以圖富貴，有一村至數百人者，雖禁之莫能止……嘉、隆而後，自宮者愈禁愈多……」〔[明]沈德符撰，《萬曆野獲編》（北京：中華書局，1959），下冊，頁820、816。〕

66　參黃谷，〈明代「葡使」火者亞三之謎〉，《紫禁城》1991年第1期，頁44-45；邱樹森，〈明武宗與明代回回人〉，《回族研究》2004年第1期，頁43-45；金國平、吳志良，〈「火者亞三」生平考略——傳說與事實〉，《明史研究論叢》第十輯（南京：江蘇人民出版社，2012），頁226-244；林碩，〈南洋華僑火者亞三新考〉，《華僑華人歷史研究》2012年2期，頁67-74。筆者按：當時馬六甲港為南洋貿易中心，據葡萄牙人的記載，其地常常聽得到的語言有84種之多〔見[葡]多默·皮列士 (Pires, Tomé)著，何高濟譯，《東方志》，頁209-210〕；葡萄牙史上曾被摩爾人統治，故對其中的阿拉伯語並不陌生，達·伽馬船隊抵達印度亦是依仗阿拉伯領航員。葡萄牙人與南洋華商之間剛開始接觸溝通之時，最有可能是通過阿拉伯語輾轉進行。

牙國書惹出的風波：

　　當費爾南·佩雷斯·德·安德拉德抵達中國
港口時，曾要翻譯寫信。因為甲必丹末前來並護
送出使中國國王的使臣到來，翻譯按照中國的習
俗寫了如下內容的信件：受佛郎機國王之命，甲
必丹末及大使來到中國，按中國風俗習慣，呈禮
請印，願為順臣。根據當地的習俗，有了此信我
們便被允許登岸。這是信的大意，但未將此告訴
費爾南·佩雷斯·德·安德拉德，他也從未得知
這些內容。據翻譯們聲稱，信的行文符合中國的
習慣，但未透露信的大意。

　　在京城王宮內打開了我主國王的信件，發
覺其內容與譯文大相逕庭。他們認為我們冒入中
華大地，前來窺探。信的矛盾便是一騙術。國王
下令我們不得再入宮行禮並派人看管我們。在京
習慣將大使們安頓在一些四週有圍欄的大宅院
中。……

　　傳通譯來問話，為何他們造假信，為何不
按照我主國王的函件翻譯。他們回答說係按中國
習慣行文，因為我主國王的信是封口的，不可拆
讀。必需原封不動地交到中國國王手上。我們是
遠旅，不識中國風俗習慣。中國幅員遼闊。以後
我們會入鄉隨俗。他們無責任，因為他們是按習
慣行文。官員對此回答不甚滿意，於是將每人細
細盤問。國王一駕崩，他們及隨從全部入獄。[67]

　　「中國港口」應即是指「貿易之島」屯門。火者亞三

---

67 [葡]維耶拉 (Cristvão Vieira) 著，金國平譯，〈廣州葡囚信〉，金
　國平：《中葡關係史地考證》，頁159。

在內的翻譯並未按葡萄牙人的授意翻譯要求開放葡萄牙人在廣東及其附近島嶼貿易和定居的文書，呈上明廷的中文信函乃按明朝藩屬國「習慣行文」的朝貢表文。雖有不能擅拆國書的辯解，但此情況未必屬於葡萄牙人所說的故意造假，也很有可能是政治現實、文化差異等因素綜合作用之下的複雜產物。[68]這種另類「翻譯」使得葡萄牙人得以獲允上京覲見明帝，後來卻為此次使命的失敗種下了禍根，也造成了這些翻譯的悲慘結局：五名翻譯中，一人病死廣州獄中，其餘全部被殺，以懲罰他們「出海攜帶葡萄牙人來華」[69]。從具備葡萄牙語書面翻譯的能力來看，這些翻譯應已可直接實現華人、葡萄牙人之間的直接翻譯，無需藉助第三語言。火者亞三教授正德帝的，雖可能是馬來語或其他南洋商貿通用語言，但也不能排除其確為葡萄牙語的可能性。

## 2.楊三、戴明/彼德羅（Pedro）[70]

正德十六年，廣東海道副使汪鋐奉旨驅逐佔據屯門多年的葡萄牙人，封鎖屯門澳。葡人迪奧戈·卡爾沃 (DiogoCalvo) 所領的武裝船隊不肯就範，與中國水師發生數度激戰，前後歷時三個月。最初中國水師不敵「佛郎機銃」的猛烈火力而行動受挫，但汪鋐後來設法取得西洋火器的製造工藝，最終大敗葡萄牙軍隊，卡爾沃逃回馬六甲。中國軍隊轉敗為勝的關鍵，在於隨船的華人，見《殊域周咨錄》卷九「佛郎機」

---

68 葡萄牙國書翻譯的誤差，很可能是華裔翻譯害怕觸怒官府，而按「番邦朝貢」體例改寫的結果。類似情況可參照乾隆年間，英使馬夏爾尼 (George Macartney, 1737-1806) 使團訪華期間，英王國書的翻譯問題；詳見季壓西、陳偉民，〈馬夏爾尼使華 (1792-1793)：中英早期交往中的語言障礙〉，《中國近代通事》（北京：學苑出版社，2007），頁1-45；王宏志，〈大紅毛國的來信：馬戛爾尼使團國書中譯的幾個問題〉，《翻譯與近代中國》（上海：復旦大學出版社，2014），頁3-54。

69 [葡]維耶拉 (Cristvão Vieira) 著，金國平譯，〈廣州葡囚信〉，金國平：《中葡關係史地考證》，頁160。

70 黃慶華，《中葡關係史（1513-1999）》，上冊，頁120-121。

條：

> ……有東莞縣白沙巡檢何儒，前因委抽分，
> 曾到佛郎機船，見有中國人楊三、戴明等，年久
> 住在彼國，備知造船、鑄銃及製火藥之法。鋐
> 令何儒密遣人到彼，以賣酒米為由，潛與楊三等
> 通話，諭令向化，重加賞齎，彼遂樂從。約定
> 其夜，何儒密駕小船，接引到岸，研審是實，遂
> 令如式製造。鋐舉兵驅逐，亦用此銃取捷。奪獲
> 伊銃大小二十餘管。嘉靖二年，鋐後為冢宰，奏
> 稱佛郎機兇狠無狀，惟恃此銃與此船耳。銃之猛
> 烈，自古兵器未有出其右者。用之御虜守城，最
> 為便利，請頒其式於各邊製造禦虜。上從之，至
> 今邊上頗賴其用。[71]

　　葡萄牙人的記錄也有類似記載。卡爾沃和維耶拉在廣
州獄中寫下的信函中，提到了卡爾沃船上一名有叫作彼德羅
(Pedro) 的華人基督徒，了解「配製火藥、鑄銃及造軍艦」的
「一切事情」；這位華人基督徒在中葡衝突的「一片狼藉」
中逃回原籍藏匿，未幾即被地方官員發現，於是受命在廣州
府試造葡式軍艦，後被送入北京，在北京鑄造火銃，因為皇
帝當時「征戰不絕」[72]——這一點也與明朝後期軍防中大量使
用佛郎機銃相吻合。[73]這個彼德羅或許即中國史料中所載的
楊三、戴明等人中的一人。從其通曉西洋火藥、火銃、軍艦

---

71 [明]嚴從簡，《殊域周咨錄》卷九「佛朗機」條，《續修四庫全
　　書》，第735冊，頁711。

72 [葡]維耶拉 (Cristvão Vieira) 著，金國平譯，〈廣州葡囚信〉，金
　　國平：《中葡關係史地考證》，頁159。

73 在此之前數年，謀逆的寧王朱宸濠即曾私造佛郎機銃。但佛郎機
　　銃正式裝備明朝軍隊，則是由中葡屯門海戰而始。參周維強，《
　　佛郎機銃在中國》（北京：社會科學文獻出版社，2013），頁
　　23-150。

之製造，可知這些華人能與葡萄牙軍人、水手語言相通，或也同時兼做卡爾沃等葡萄牙人與中國人之間的翻譯。

由此可知，香港為當時中西文化交流之關鍵點，伴隨貿易而生的翻譯活動曾一度相當活躍，甚至從某種意義中促成了中國「現代軍事」的萌芽。但葡萄牙人在戰敗之後轉往閩浙，最終於嘉靖三十二年（1553）轉回廣東，落腳澳門，屯門、葵涌一帶海澳的商貿活動因此盛景不復。葡萄牙人之後，西班牙、荷蘭、英國等歐洲國家的商船也相繼來到廣州尋求通商機會，但由於葡萄牙人在中國政府的默許下壟斷了歐洲對華貿易，澳門最終取代香港成為葡萄牙對華貿易基地和遠東國際貿易中轉港。[74]此外，明代後期的屢犯海盜[75]以及相應的海禁收緊也是重要的原因。但香港與歐洲新建立起的聯繫並未因此切斷。例如1607年（萬曆三十五年），奉荷蘭國王之命出使中國的荷蘭海軍上將、荷蘭東印度公司主席達·雲該（CornelisMatelieff de Jonge, 1570-1632）的船隊就曾中途停泊在香港大嶼山附近，並且和駐守大嶼山的中國官員有所交流。據說該名官員同情荷蘭人與葡萄牙人的敵對狀態，同意幫他們上書朝廷請求允許通商。但不久因葡萄牙人前來驅逐，荷蘭人的船隊不及等到結果即離去。[76]協助荷蘭人與中國官員溝通的，應該是荷蘭人在菲律賓特意招募來的華商翻譯。依仗南洋華商作為翻譯，應是早期來華的歐洲人的慣例做法。這個事件也從側面說明，葡萄牙人雖然撤出了屯

---

74 黃啟臣，〈明代廣州的海外貿易〉，《中國經濟史研究》1990年第4期，頁107-124。

75 明嘉靖中葉至明末，曾於香港地區為患的海盜有林道乾、何亞八、林鳳、李魁奇、劉香等。詳參蕭國健，《災患與香港史》（香港：顯朝書室，2009），頁49-53。

76 Peter Borschberg Ed., *Journal, Memorials and Letters of CornelisMatelieff de Jonge: Security, Diplomacy and Commerce in 17th-Century Southeast Asia* (Singapore: NUS Press,2015), pp.89-90, 298-300. 另參李慶新，〈17世紀廣東與荷蘭關係述論〉，收於陳捷先、成崇德、李紀洋（主編），《清史論集（下）》（北京：人民出版社，2006），頁 823-860。

門，但仍密切注意著香港地區的動靜。

另一方面，澳門被葡萄牙人佔據之後，很快發展為西方國家在東方貿易最大的中轉港和貿易中心；亦以「化外之地」的特殊身份，作為廣州的出洋口岸，壟斷了中國與西方的貿易，成為明朝「朝貢貿易」之外的重要補充。[77]葡萄牙人在相當長一段時間內，仍習於使用華裔通事。嘉靖年間的名臣廣東人龐尚鵬說澳門「番商」：

> 其通事多漳、泉、寧、紹及東莞、新會人為
> 之，椎髻環耳，效番衣服聲音。[78]

「椎髻環耳」，或暗示南洋土著裝扮。也就是說，像如火者亞三等這樣的出身中國南方沿海地區、久居南洋的華人，仍以外商之翻譯、助手的身份活躍在環珠江口的水域上。

## 六、小結

從上述探討不難看出，香港作為遠離中原的「百越之地」，自上古時代即存在與中原文化的往來交流，很早即開始了語言與文化上的融合；另一方面，作為「海上絲路」重要經停地，香港一直在中國與東南亞、南亞國家民族的交流中，低調地起著一定的作用。因此，香港的翻譯活動，一開始就具備「對內」和「對外」兩種屬性：由於香港的語言文化與北方一直存在一定差異，故言其翻譯需求具有一定的「對內性」，即少數民族語言與漢語、乃至漢語中不同方言

---

77 李燕，〈明代朝貢貿易體制下澳門的興起及其與廣州的關係〉，《熱帶地理》第33卷第6期（2013年11月），頁756-765。

78 [明]龐尚鵬：〈題為陳末議以保海隅萬世治安事〉，見[明]陳子龍編：《龐中丞摘稿一》，《明經世文編》卷三五七（北京：中華書局，1962），第5冊，頁3835。

之間的翻譯需要；另外出於對海外來客的往來溝通需要，故言其翻譯需求具有一定的「對外性」，即不同國家語言文字的翻譯需要。隨著香港地區文化「漢化」程度的不斷加深，其翻譯活動的「對內性」逐漸淡化，同時「對外性」愈加彰顯。這種翻譯活動的「對內性」和「對外性」共同存在、此消彼長的情況，是香港地理位置和世界歷史發展大趨勢相互作用的結果。至清代，在經歷了早期的遷界禁海和復界之後，形成了今日香港廣府、客家、疍家、鶴佬四大民系，不再有「傜亂」一類的記載；同時英國逐漸開始成為對華貿易之主力，船隻亦常停泊於香港水域，開啟香港地區翻譯活動之新篇章；此係後話，本文在此不贅。總而言之，香港之翻譯活動和對外交流的歷史，遠超出一般印象中「開埠後的中英翻譯」的範疇，這是值得注意和進一步研究的。

# 戰前香港旅遊：郵輪和景點

馬冠堯

香港大學房地產及建設系

## 世界旅遊發展

　　古時的遠遊是因工作上的需要：最典型例子是君主出巡、兩國戰爭和傳播宗教等。途中就算有空和心情看看景色，都是走馬看花，不能說是遊山玩水，更甚少純個人遊覽。直至中國的孔子、蘇軾和徐霞客、西方的保薩尼亞斯 (Pausanias) 和彼特拉克 (Francesco Petrarch)等將遊歷寫成遊記文章。上層社會和皇室成員外遊，更是盛事。總的來說，古時旅遊，實質是現代人的旅行，找些風景優美的山區或海濱休息，亦有宗教之旅。

　　19世紀的火車和輪船發明把旅遊人士送往更遙遠的地方。電報也解決遠地溝通如行程安排和住宿等事宜。旅遊人士最不適應的應是客地交通工具、飲食和居住習慣、語言和貨幣等問題，但其樂趣也就是對異地新奇的知識一開眼界。嚮導的出現可解決這些問題，英國湯瑪斯庫克父子公司 (Thomas Cook & Sons) 就在這背景下誕生。其最著名的旅行團是參觀世界博覽會。湯先生是虔誠教徒，抱著朝聖之心，安排長途朝聖團，遠赴中東約旦(Jordan)、羅馬台伯河(Tiber)和埃及尼羅河(Nile)講述宗教故事，大受歡迎。湯先生隨後更提供一條龍服務如售賣旅遊書、旅行箱、名信片、望遠鏡

和行山鞋等旅遊用品，又辦酒店券和旅行支票，解決貨幣問題。由於他熟悉印刷，出版的旅遊小册、時間表和短訊等皆收廣告之效。

## 早年遊客訪港情況

外地人訪港，最早是英人欲來華通商，途經香港，好奇心上岸看過究竟。其後鴉片戰爭，軍人登陸，當中有醫生和工程師等專業人士，寫下香港面貌，成為研究香港早年歷史的重要資料。英人奪取香港島後，外國商人紛紛到港，尋找商機，傳教士亦不甘後人，陸續抵港，找尋傳教機會，皇室訪港則要到1869年，即28年後。蘇彝士運河開通後，帶來更多訪港人士的方便。

外國人訪港寫下的圖像、日記或遊記，已成為研究香港早年歷史的一手資料。如水文地理學家賀寶夫(Horsburgh James)、醫生阿寶(Abel Clarke)、自然科學家賓納特 (Bennett George)和柯吉士(BorgetAuguste)在英國未登陸香港前已先後寫下香港一些面貌。[1]1840至60年代，有英法德三國外交家、

---

1　James Horsburgh, *Directions for Sailing to and from East Indies, China, New Holland, Cape of Good Hope and the Interjacent ports of Africa and South America: compiled chiefly from original journals of the honourable company's ships, and from observations and remarks, resulting twenty one years experience navigating in those areas* (London: Wm.H. Allen & Co., 1852, 6th edition) pp370-381; Abel Clarke, *Narrative of a journey in the interior of China: and of a voyage to and from that country, in the years 1816 and 1817: containing an account of the most interesting transactions of Lord Amherst's embassy to the court of Pekin and observations on the countries which it visited* (London: printed for Longman, Hurst, Rees, Orme, and Brown, 1818) pp58-63; Bennett George, *Wanderings in New South Wales, Batavia, Pedir Coast, Singapore and China: being the journal of a naturalist in those countries, during 1832, 1833 and 1834* (London: Richard Bentley 1834) pp 18 – 20;  BorgetAuguste, Sketches of China and the Chinese (Tilt and Bogue, 1842).

英美軍人、傳教士、醫生、科學家、建築師、律師、作家和
藝術家旅遊中國，由於遠洋輪船往遠東必停香港作補給和檢
查，遊客因此大多遊完香港後，才北上廣州，再返回輪船往
中國和日本，記下旅遊經歷。遊記內容多講述從海路到港，
坐舢舨登岸，以轎代步，住香港會所，觀看大自然景色，
參觀華人廟宇和中劇，並享受中餐。他們以「鹹水番話」
(Cantonese Pidgin English, 又稱紅毛鬼話或番話)與本地人溝
通。到19世紀末，兩位曾任《華字日報》主筆的王韜和潘飛
聲在遊香港時，亦記下不少風光。

## 19世紀郵輪訪港

　　1872年，湯瑪斯庫克首辦環遊世界團，從利物浦出發，
乘船至紐約，從陸路往三藩市，再乘坐「羅寺華度號」(SS
Colorado) 往日本，之後訪中國和印度，再往也門 (Aden)，
過了蘇彝士運河，遊客可選水路或水陸混合路返回英國。
環遊世界豪華郵輪團就首推「錫蘭號」(SS Ceylon)，「錫蘭
號」由森慕達兄弟公司 (Messrs. Samuda Brothers) 在1858年
建於波普勒(Poplar)，長306英呎，闊40英呎，食水26英呎，
註冊2,110噸，450匹馬力，屬鐵行船務公司 (Peninsular and
Oriental Steam Navigation Company，下簡稱鐵行)所有，運
送乘客來往錫蘭加勒 (Galle)和澳洲墨爾本 (Melbourne) 。鐵
行於1880年調整政策，船隻必須客運兩用，因此出售「錫蘭
號」給越洋航行公司 (Inter Oceanic Steam Yachting Company，
下簡稱越航公司) ，郵輪大裝修則由著名造船師烈特 (Sir
Edward J. Reed, 1830-1906) 監督，完工後，越航公司於1881
年7月刊登廣告，舉辦首次環遊世界豪華郵輪團，反應一
般，1881年10月29日啟航時仍未滿座。「錫蘭號」從修咸頓
(Southampton)出發，經波爾多(Bordeaux)、里斯本(Lisbon)
、直布羅陀(Gibraltar)、馬拉加(Malaga)、馬賽(Marseilles)、

熱那亞(Genoa)、拿玻里(Naples)、巴勒摩(Palermo)、馬爾他(Malta)、比雷埃夫斯(Piraeus)、伊斯坦堡(Istanbul)、士麥那(Smyrna)、羅得島(Rhodes)、亞歷山大港 (Alexandria)、塞得港(Port Said)、蘇彝士運河、孟買( Bombay)、哥林堡(Colombo)、加勒、清奈(Madras)、加爾各答(Calcutta)、檳城(Penang)、星加坡(Singapore)、柔佛(Johore)、馬尼拉(Manila)、香港、廣州、長崎(Nagasaki)、神户(Kobe)、橫濱(Yokohama)、檀香山(Honolulu)、三藩市(San Francisco)、馬薩特蘭(Mazatlan)、瓜亞基爾(Guayquil)、介休港(Callao)、福克蘭群島(Falkland Islands)、蒙特維多(Montevideo)、布宜諾斯艾利斯(Buenos Aires)、里約熱內盧(Rio de Janeiro)、巴伊亞(Bahia)、聖文森 (St Vincent)、維德角群島(Cape Verde Islands)、加那利群島(Canaries Islands)、馬德拉(Madeira)，1882年8月22日返回修咸頓。[2]19世紀的環遊世界豪華郵輪

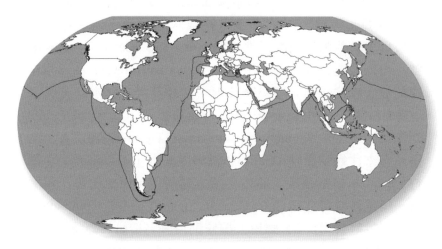

圖1 19世紀環遊世界郵輪所經的路線

2 David M. Williams, The Extent of Transport Services〞Integration: SS Ceylon and the First〝Round the World〞Cruise, 1881-1882 in *International Journal of Maritime History,* XV, No. 2, (December 2003), (London England: SAGE Publication), pp 135-140; China Mail 24 February 1882

團所停泊的地方，與今天郵輪的路線也大同小異。

　　1882年2月24日上午，「錫蘭號」帶着33位豪華遊客從馬尼拉抵港，泊於香港仔船塢，順道檢查船速減慢原因。《德臣西報》引述《海峽時報》報導船長陸咸(Captain R.D. Lunham)稱途經地中海天氣一流，船沒有泊也門，直去孟買，途中不幸有一位女士於12月27日去世。郵輪豪華經裝修後，有女士髮廊、男士飯後廳(smoking room)、圖書館、鋼琴和一隊12人樂隊。船上有大量報章和雜誌供閱讀，亦有一位駐船醫生，免費提供服務。每站有

圖2　遊客在「錫蘭號」郵輪夾板上的情況

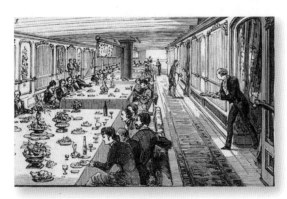

圖3　「錫蘭號」郵輪的餐廳

電報通訊。團費每人500英鎊，以當時量地官(後稱工務司)每月100英鎊計，要五個月薪金才可參加，非常昂貴。[3]1882年初，香港樓市泡沫爆破，樓價大跌，華資銀號面臨危機，[4]那有心情招呼這幾十位豪客，無緣把握這個商機。

3　*China Mail* 24 February 1882

4　馬冠堯：《戰前香港電訊史》(香港：三聯書店, 2020)，頁131-134。

設有首個游泳池的太平洋郵輪公司(Pacific S.S. Co.)「中國號」(S.S. China) 於1889年11月3日早上抵港，船長460呎，闊48呎，註冊5200噸，是當時訪港最大的郵輪。船有電力供應，冷熱水喉，冰箱等設備附設在150頭等房，另有55個二等房和1100大艙位。她航行速度亦快，從蘇彝士運河至星加坡只需14日，星加坡到香港則5日。[5]

加拿大太平洋火車公司 (Canadian Pacific Railway Co)的船務部，後改名加拿大太平洋輪船公司(Canadian Pacific Steamship Co.)於1890年一口氣造了三艘遠洋輪船行走太平洋，即加拿大西岸至遠東。首先下水是「印度皇后號」(Empress of India)，她註冊5920噸，長485呎，闊51呎，首航於1891年3月23日抵港，從利勿浦帶來141名乘客，泊於香港仔船塢，打算留港兩星期。[6]乘客入住本地主要酒店，4月7日才離開。從香港至溫哥華船費是225元，往利勿浦要325元。[7]

跟着下水是「日本皇后號」(Empress of Japan)，最後下水是「中國皇后號」(Empress of China)，船長456呎，闊51呎，註冊5905噸。首航於1891年7月15日從利勿浦出發，8月22日早上抵港，帶來21名環遊世界遊

圖4 「中國皇后號」郵輪

---

5　*China Mail*, Hong Kong Daily Press, *Hong Kong Telegraph* 4 November 1889

6　*China Mail* 23 March 1891

7　*Hong Kong Daily Press* 7 April 1891

客，雖然是「小貓三幾隻」的「自由行」，但香港也開始陸續迎接環遊世界遊客。

## 20世紀至戰前郵輪訪港

　　踏入20世紀，駛入維多利亞港的超大郵輪是美國大北公司 (Great Northern Company)的「達哥他」(S.S. Dakota)超大郵輪的首航遠東之旅。「達哥他號」船長622呎，闊73呎，註冊20174噸。香港當時仍未有600呎長的碼頭，「達哥他號」於1905年10月26日中午抵港時要停泊西環尾海上。她破了訪港最大郵輪的記錄，因此《士蔑西報》特此上船參觀報導，並獲大北公司副主席占灝禾 (Howard James) 作响導介紹。占主席稱「達哥他號」每程都裝滿貨物，但有218個頭等房，68個二等房和2300個大艙位。每床都設有床頭電燈供閱讀用，頭等房設施與豪華酒店無異。他們夫婦喜愛住在船上，所以沒有入住本港酒店。[8]一年後，「達哥他號」重臨香港，

圖5　「達哥他號」郵輪

由洛杉磯時報(Los Angeles Times) 主席奧的斯將軍(General Harrison Grey Otis) 帶團旅遊遠東，團員全是商人，共150人。8月29日從洛杉磯 (Los Angeles)出發，經三藩市、西雅圖、橫濱、上海、香港到馬尼拉。1906

8　*Hong Kong Telegraph* 28 October 1905, *South China Morning Post* 27 October 1905

年10月6日抵港，「南華早報」以美國人入侵香港為題報
導。[9]香港於1906年9月18日受颱風吹襲，損毀嚴重，這批美
國百萬富翁錯過了觀看香港美麗的一面。全港當時只有數部
汽油車，所以他們在港時已致電報給馬尼拉，要菲律賓出動

全城汽油車接送這批大
享。[10]「達哥他號」最為
人知是清政府於1905年
特派「五大臣出洋」一事
中，欽差專使大臣貝子
銜奉恩鎮國公載澤 (1868-
1929)與尚其享和李盛鐸
乘坐「達哥他號」往美國
獲船上各職員厚待，載澤

圖6　載澤和團隊成員在「達哥他號」郵輪上

禮貌地寫信多謝大北公司的
悉心服務，信件亦見於香港
的《德臣西報》。[11]

　　1908年1月19日法國聯合航運
公司 (Chargeurs Reunis Co)的「馬
他號」(Malte)帶來環遊世界乘客抵
港，停泊於九龍貨倉碼頭。船長481
呎，闊55呎，註冊15800噸。除《孖
剌西報》上船訪問外，不少本地名
人也上船參觀。「馬他號」匆忙地
於1月21日離港往上海。[12]

圖7　「馬他號」郵輪

9　*South China Morning Post* 8, 11, 13 &
　　16 October 1906

10　*South China Morning Post* 13 October
　　1906

11　*China Mail* 26 April 1906

12　*Hong Kong Telegraph* 11, 20 January 1908, *South China Morning Post*
　　20 January 1908, *Hong Kong Daily Press* 21 January 1908.

1909年11月16日，美國環遊世界旅行團由團長羅拔臣 (D. F. Robertson)帶隊，乘坐「雅麗斯公主號」(Princess Alice) 從上海抵港，帶來數十位豪客。行程由洛杉磯出發，經日本、中國、香港、印度、錫蘭和埃及等地。[13]由於另一大型旅行團訪港的廣泛報導，這旅行團訪港並沒有被傳媒深入報導。

圖8 「嘉花蘭」豪華郵輪

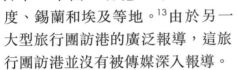

反觀「卡夫蘭」豪華郵輪 (s.s.Cleveland) 於1909年底載近700名環遊世界的豪客訪港一事，傳媒早於7月以「遊客入侵香港」形容盛況。[14] 其實描述一點也不跨張，陸上交通只有轎、人力車、纜車和電車；像樣的酒店只有香港大酒店和愛德華英皇酒店等數間；高級餐飲也不多；還要安排700名遊客來往廣州香港的船票、廣州酒店、餐飲、交通和景點，在當時的資源下，真是一點也不客易。導遊以分流法安排幾

圖9-10 「嘉花蘭」豪華郵輪於1909年環遊世界的廣告和行程圖

---

13　*Hong Kong Telegraph* 16 November 1909, *Hong Kong Daily Press*, *South China Morning Post* 17 November 1909

14　*South China Morning Post* 14 July 1909

批遊客先遊廣州，在港也分批遊山頂和坐電車，還有購物時的翻譯。無論如何，這盛事開啓了香港歡迎大型旅行團的事業。

　　1909年12月23日上午「卡夫蘭」豪華郵輪抵港，由於郵輪太大，只能停泊於維多利亞港的浮標。旅行團由奇勒郵輪(Clark Cruise) 作導遊，團長奇勒 (Herbert E. Clarke) 帶來約700名環遊世界豪客。700名豪客分五組，兩組共320豪客轉乘小輪往卜公碼頭，立刻登上預先安排的10部電車享受電車遊。先去堅尼地城和跑馬地，參觀馬場、哥爾夫球場和墳場，再去筲箕灣，沿途有導遊和講解員解釋各名勝景點，全程約三小時，完畢後下榻香港大酒店。另三組於下午2時上岸，分批乘人力車至中環山頂纜車站，乘纜車上山頂，遊覽山頂和觀看維多利亞港景色，全程約三小時，豪客可選擇返回郵輪住宿，小輪在卜公碼頭提供駁船服務直至凌晨。上廣州第一組24人是坐「佛山號」夜船。第二組250人是24日晨早六時坐包船出發，第三組70人是24日早上坐「香山號」，其餘36人則於九時出發。聖誕節 (25日) 就安排未去廣州的豪客，行程與24日相同，不往廣州的就安排本地遊。26日就安排未遊山頂的豪客觀光。廣州著名景點包括陳家祠、華林寺五百羅漢、六榕寺、六榕塔、鎮海樓(五層樓)和廣東貢院明遠樓(紅樓)等。郵輪頭等船費每人740英鎊，約8,800元，是工務局長7個多月的薪金！　全程約四個月，每月2,200元，除超級豪華外，還要有四個月假期，是非一般人可以享受。[15]

　　「卡夫蘭號」船長600呎，闊65呎，五層高。船內裝飾有如一「浮宮殿」。比起以前訪港的豪華郵輪，她多了健身室、寫作室、晒相黑房和服務台，可見豪客的豪華口味。「嘉花蘭號」於12月26日離港往日本。

---

15　*China Mail* 23, 24　December 1909, *Hong Kong Daily Press* 24 December 1909, *Hong Kong Telegraph* 24, 27 December 1909, *South China Morning Post* 23, 24, 25, 27 December 1909.

## 不平凡的1923年

香港接待豪客的黃金歲月被第一次世界大戰打斷。戰後，湯瑪斯庫克和美國運通公司先後在港開設辦事處，環繞香港島和九龍新界的汽油車道路相繼落成，淺水灣酒店和粉嶺哥爾夫球場也開業，電力公司亦可供應電源給城市晚上的燈飾，這些都吸引遊客。加上政府成立復興經濟委員會，研究協助旅遊業。1923年就吸引多艘環遊世界郵輪訪港，每艘帶來數百豪客，情況大好。

最特別是加拿大太平洋輪船公司三艘皇后號同時出現在維多利亞港，其中一艘更經歷開埠以來最強勁的颱風。1922年12月22日下午。[16]其後「亞州皇后號」(Empress of Asia) 在黃埔船塢進行年檢，1923年1月25日離港。[17] 1923年1月2日，「加拿大皇后號」(Empress of Canada) 抵港，也是泊九龍倉碼頭。[18]兩艘皇后號都是三煙囪，「亞州皇后號」已完成

圖11 「亞州皇后號」豪華郵輪

16　*Hong Kong Daily Press* 22 December 1922
17　*South China Morning Post* 30 December, 1922 and 25 January 1923
18　*South China Morning Post* 3 January 1923

檢，圖11是她們在九龍倉碼頭的奇景。「加拿大皇后號」將於1月底進行年檢，2月10日離港。[19]1923年1月19日下午，「俄羅斯皇后號」(Empress of Russia) 抵港，停泊一號浮標。香港四份西報都有報導這項新紀錄，[20]本地首次有加拿大太平洋輪船公司三

圖12　「俄羅斯皇后號」豪華郵輪

艘皇后號同時出現在維多利亞港，並列出她們停泊的浮標號。三艘皇后號先後在黃埔船塢進行年檢才離去。

　　1923年維多利亞港陸續有環遊世界豪華郵輪出現，「拉哥尼亞號」(SS Laconia)、「韋蘇諾號」(SS Resolute)、「法國皇后號」(SS Empress of France)和「撒瑪尼亞號」(SS Samaria)先後帶來以千計名環遊世界豪客，旅遊業前景美好。「撒瑪尼亞號」會從紐約向東行，經蘇彝士運河到香港，其他三艘則取西行，經巴拿馬運河和太平洋到香港。[21]

　　「拉哥尼亞號」是一戰後第一艘訪港的環遊世界豪華郵輪，亦是冠達郵輪公司(Curnard Steamship Company Limited)旗下的「拉哥尼亞號」首次在一戰後舉辦環遊世界豪華團，由美國運通公司(American Express Company) 承包。[22]冠達郵輪公司在1920年代興建一列單煙囪豪華郵輪，以示標誌。豪華團130日，最貴房約1萬美元，即18,056本地元，最便宜約

19　*South China Morning Post* 16 January 1923

20　*South China Morning Post* 12 January 1923, *China Mail, Hong Kong Telegraph* 19 January 1923, *Hong Kong Telegraph, Hong Kong Daily Press* 20 January 1923

21　*South China Morning Post* 21 October 1921

22　*South China Morning Post* 27 November 1922

1,350美元，即2,500本地元。[23]美國運通公司承包136日費用是125萬美元，團費總收入是150萬美元，破了當年紀錄，有8位豪客費用是13,000美元，[24]當時工務司每年人工是11,850本地元，還要有130日假期，其豪華程度由此可見。1923年1月17日下午3時半前「拉哥尼亞號」抵港，比原定時間遲了四至五小時，停泊A1浮標。長600呎的她不是當時訪港最大的郵輪，紀錄是由船長653呎，闊77呎，註冊21517噸的「加拿大皇后號」保持。她帶來400名美國遊客，最少有九名「百萬富翁」。[25]豪客分別入住香港大酒店、愛德華皇帝酒店和淺水灣酒店。當天晚上在石塘咀品嚐中菜，有22名導遊陪同。廣州遊原本是景點，因廣東局勢動盪而取消，團長安排購買香港紀念品。一時間，售賣西方少見的東方物品如玉器和中樂等非常缺市，不習慣炎熱天氣的美國豪客特別喜愛竹帽和絲或綢衣服。市上有一鋪的生意額竟達58,000本地元。[26]除山頂和電車遊外，香港多了汽油車和泊油路，環島遊是新鮮景點，汽油車也在泊油路上「排長龍」。當中有一位豪客幾十年前曾到港，詢問他曾住過的皇后酒店 (Queen's Hotel)，連記者也不知

圖13　「拉哥尼亞號」豪華郵輪及其船上設施

23　*Hong Kong Telegraph, South China Morning Post* 1 June 1922

24　*China Mail* 19 January 1923

25　*Hong Kong Daily Press* 18 January 1923

26　*South China Morning Post* 20 January 1923

道。[27]筆者估計是海旁的維多利亞酒店(Victoria Hotel)。最遺憾是一名65歲的銀行家金寶先生 (Norman Campbell) 於20日因肺炎在法國醫院去世。[28]「拉哥尼亞號」於19日下午離港往馬尼拉。

　　由雷蒙韋金公司 (Raymond Whitcomb & Co) 承包環遊世界豪華團的美國聯合郵輪公司(United American Line) 「韋蘇諾號」(SS Resolute)於3身月1日抵港，帶來超過450名美國遊客。本地代理是花瑪公司(Wm. Farmer & Co)，帶豪客遊穗、澳門和香港。約半團被安排訪廣州的財廳，並邀孫中山接見。「韋蘇諾號」的198位豪客乘坐九廣鐵路直通車來回港穗，是首次有環遊世界團採陸路往來九廣兩地。[29]「韋蘇諾號」有冬天花園、女士專房、游泳池、健身室和攝影黑房等豪華設施。亦

圖14 「韋蘇諾號」豪華郵輪的冬天花園

請來八位專家教授跳舞、健身和講座等。船上更提供現場音樂、遊戲和電影，不愁娛樂，環遊世界共125日。吸取上次經驗，本地售賣紀念品的商人早在海旁擺檔，見到襟上有黃色圓形標誌(雷蒙韋金公司團章)便兜售。黃銅、景泰藍、木雕、漆

圖15 「韋蘇諾號」豪華郵輪的游泳

---

27　*South China Morning Post* 19 January 1923

28　*Hong Kong Telegraph* 22 January 1923

29　*Kowloon Canton Railway (British Section), Annual Report for 1923*, item 31

器和中式藝術品都是豪客
購買的熱門紀念品。更有
人售賣鸚鵡和金絲雀。[30]本
地遊除山頂和環島遊外，
更入馬場碰碰運氣。

　　兩星期後，加拿大
太平洋輪船公司的「法國
皇后號」(SS Empress of
France)由奇勒郵輪團承包環

圖16　「韋蘇諾號」豪華郵輪

遊世界，行程120日，帶來806名豪客，破了
「卡夫蘭號」的記錄。旅遊團承包了一艘天
星小輪接送豪客往返九港兩地。往來九廣兩
地就分兩組，水路乘景山號，陸路有377位豪
客坐九廣鐵路直通車。本地遊包括山頂、環
島和新界遊、品嚐淺水灣酒店下午茶和石塘
咀中式晚餐。[31]「法國皇后號」於3月18日離
港，但有三位船員未能隨船離港，事因他們
在日本偷走船上食物，被香
港法庭判罪服刑。[32]

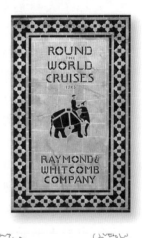

　　湯瑪斯庫克父子公
司因紀念成立環遊世界遊
50週年，特別承包了「拉

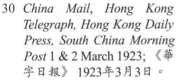

圖17-18　雷蒙韋金公司1923年環遊世界豪華團
　　　　　的手冊和航程

---

30　*China Mail, Hong Kong
　　Telegraph, Hong Kong Daily
　　Press, South China Morning
　　Post* 1 & 2 March 1923;《華
　　字日報》1923年3月3日。

31　*China Mail, Hong Kong Tele-
　　graph,* 15 March 1923;*Hong
　　Kong Daily Press, South Chi-
　　na Morning Post* 16 March 1923

32　*South China Morning Post* 17 March 1923

哥尼亞號」的姊妹船「撒瑪尼亞號」(SS Samaria)承辦環遊世界團，團員限於400人。4月2日抵港，停泊於九龍貨倉碼頭，與「加拿大皇后號」為

圖19 「法國皇后號」豪華郵輪

鄰。「撒瑪尼亞號」帶來400環遊世界豪客。其在港行程與上述郵輪大致相同，去澳門之行就即日來回。為了省時，往廣州遊客中有336位回程時乘坐九廣鐵路直通車。環遊世界團於4月6日離港。[33]

　　香港在1923年首季就有四艘環遊世界豪華郵輪訪問，開始了迎接旅遊豪客團，除在交通、酒店、飲食和購物等經濟領域帶來不少額外生意外，三艘皇后號的年檢也為本地船務業進帳不少。這年的接侍旅遊經驗，實為旅遊業奠下基石。

圖20 奇勒公司1923年環遊世界豪華團的手冊

### 屢破香港紀錄

　　1925年1月最後一日的早上七時，環遊世界最大的豪華郵輪 (世界第七大郵輪)「比贊蘭號」(SS Belgenland) 從上海抵港，

圖21 「撒瑪尼亞號」豪華郵輪

---

33　*China Mail, Hong Kong Daily Press, South China Morning Post* 3April 1923;*China Mail* 5 April 1923; *South China Morning Post* 6 April 1923

由於船長697呎，未能停泊九龍倉碼頭，要泊在維多利亞港的中央軍部浮標一號，破了訪港最大的郵輪紀錄。船有三煙囪，闊78呎，註冊27000噸，內有兩游泳池，是世界郵輪中最大，有射擊場，網球場，哥爾夫球場和日式茶花園。每天有電報新聞。當時紅星郵輪公司 (Red Star Line) 的「比贊蘭號」是名人常坐的郵輪，紅星郵輪公司博物館就說愛因斯坦是

圖 22 「比贊蘭號」豪華郵輪

他們的常客。[34]全程132日的豪客費用從2000到13000美元不等，比起兩年前的「拉哥尼亞號」又上升了。這團由美國運通公司承包，本地代理是太古洋行。上岸景點有山頂、汽車環島和環新界遊、品嚐淺水灣酒店下午茶和購物，另有些人去了廣州觀光。在廣州有一組豪客花了12,000元購物。[35]

　　1926年11月，香港又有新記錄，世界首條浮海大學 (Floating University, 後稱海上學府) 訪港。事源紐約大學校部 (extra-mural) 於1914年舉辦夏天往歐洲的工業教育。當時選了德國科隆 (Cologne) 作教點，適逢一次世界大戰，學生學到許多意想不到的經驗。1923年，紐約大學再舉辦夏天往歐洲工業教育，總結經驗發現在藝術、地理和地質等領域的交流非常成功。跟著的兩年也有舉辦相同的課程。1925年紐約大學嘗試舉辦環遊世界學年，將課堂移至船上，但未能吸

34　https://www.redstarline.be/en/story/albert-einstein-famous-passenger

35　*South China Morning Post* 22 January 1925; *Hong Kong Telegraph* 30 January 1925; *China Mail, Hong Kong Telegraph, Hong Kong Daily Press*, *South China Morning Post* 31 January & 2 February 1925; *South China Morning Post* 3 February 1925; 《華字日報》 1925年1月31日

引足夠學生，因此將計畫擴至全國大學。結果吸引500學生和70教授，承包了荷美郵輪公司的「黎淡號」(SS　Ryndam)，於1926年9月18日從紐約出發，向西行經巴拿馬運河到遠東，1927年5月經大西洋返回紐約。[36]

《德臣西報》以妒忌浮海大學學生形容「黎淡號」訪港，乘坐郵輪環遊世界是少數「百萬富翁」的玩意，不單是百年前的情況，看看浮海大學的訪問城市和整學年在豪華郵輪上渡過

圖23　「比贊蘭號」豪華郵輪的健身室

所花的費用，今天也是非一般人可以負擔。訪問城市包括古巴的夏灣那(Havana)、巴拿馬的告郎(Colon)和巴波亞(Balboa)、洛杉磯 (Los Angeles)、夏威夷的希路(Hilo)和檀香山 (Honolulu)、日本的橫濱(Yokohama)、神戶(Kobe)、門司(Moji)、中國的上海、香港、菲律賓的馬尼拉(Manila)、泰國的曼谷(Bangkok)、星加坡、印尼的雅加達(Batavia)、哥林堡(Colombo)、印度的孟買(Bombay)、也門(Aden)、蘇彝士運河(Suez)、塞得港(Port Said)、

圖24　「比贊蘭號」豪華郵輪的游泳池

36　University Travel Association, *The Student Magellan, in which you will find written and pictured something of the story of the Ryndam and the first annual college cruise around the world, 1926-1927*, (Floating University, 1926-27), p.5

以色列的海法(Haifa)、土耳其的君士坦丁堡(Constantinople)
、希臘的比雷埃夫斯(Piraeus)、克羅地亞的格魯日(Gravosa)
、意大利的威尼斯Venice、拿坡利(Naples)和羅馬(Rome)
、馬爾他(Malta)、摩納哥(Monaco)、亞爾及利亞(Algiers)
、直布羅陀(Gibraltar)、西班牙的加的斯(Cudiz)、葡萄牙
的里斯本(Lisbon)、德國的漢堡(Hamburg)、丹麥的哥本哈
根(Copenhagen)、瑞典的哥德堡(Gothenburg)、挪威的奧斯陸
(Oslo)、蘇格蘭的利斯(Leith)、英國的倫敦(London)和紐約。
以上的城市，相信不是太多香港人到過，筆者今天也有一分
妒忌感。[37]

圖25　「黎淡號」豪華郵輪改裝成浮海大學

　　1926年
11月21日，「
黎淡號」從上
海抵港，停泊
九龍灣，等待
停泊九龍倉碼
頭。香港商人
頭腦靈活，「
黎淡號」停定
後，不少舢舨已包圍着船，以繩作梯送紀念品上船兜售。小
富豪和教授們上岸所光顧商店主要是賣紀念品和絲綢鋪。除
教學用具外，船上最突出就是有一迷你報館，自設印刷機房
和編輯部，總編輯是前堪薩斯州總督阿倫享利(Ex- Governor
of Kansas, Henry J. Allen)，印刷機是Linotype，剛好與香港
《德臣西報》所用的那部相同。報紙名為 Binnacle，仍存於
世。他們除環島遊參觀大潭篤水塘外，還訪問香港大學和觀
看九龍寨城。22日晚，浮海大學於船上設筵款待香港大學
和教育界，華人代表周壽臣夫婦也列席。香港大學校長康寧
(WW Hornell) 在筵上發言，稱讚這新實驗的創意，自嘲香港

---

37  *China Mail* 22 November 1926

Jewelry
Jade, Pearls, Diamonds,
Gold & Silver Wares,
Swatow, Draws Work.

Crystals, Agate
Old Ivory Ware
Shantung Lanterns
Lamp Shades.

Best Canton Shawls
Antique & Rare
Chinese Curios
Old Embroideries.

## Loong Shing

ESTABLISHED 1865

48, QUEEN'S ROAD CENTRAL
HONGKONG

TELEPHONE C. 1089.

太窮，未有能力試驗，除非帶着好運去澳門博一博。他祝賀浮海大學成功落實創意。密蘇里大學克高教授(Professor　AK Heckel of University of Missouri)說每個年代都對世界文化作出

BRANCHES
CAIRO
GIBRALTAR
MALTA
BEIRA
ALEXANDRIA
COLON
BOMBAY
CALCUTTA
MADRAS
KARACHI
ALGER

VISIT THE
GRAND SIK STORE
(POHOOMULL BROS.)
36 QUEEN'S ROAD, CENTRAL
HONGKONG
SILKS, CHINESE EMBROIDERIES & SHAWLS
A SPECIALTY
JADE AND CURIOSITIES
and the
SIND SILK STORE
CHINA BUILDING, QUEEN'S ROAD
HONGKONG
OLD EMBROIDERIES, SHAWLS, KIMONOS, SCARFS
AND MANDARIN COATS
MODERATE PRICES

Inspection cordially invited.　　T. A. MAHTANI, Manager

BRANCHES
SAIGON
BATAVIA (JAVA)
KUALALUMSOR
YOKOHAMA
KOBE
MANILA
CANTON
TRIPOLI
PORT SAID
SALISBURY

圖26-27　浮海大學學生訪港
時購物商店的卡片

貢獻，浮海大學的學生就造出新生活和新生命，他們會帶着更有耐力、更公義、更平等和開放的頭腦返回美國。[38]他們原本安排了與香港南華足球隊作一友誼足球比賽，可惜行程太緊密而取消，但仍能與香港大學的網球、籃球和足球員砌磋球技。他們也招呼香港大學的學生上船觀光。圖30是浮海大學的錦旗，不知他們當年有否與港大交換？浮海大學於23日黃昏離開香港往馬尼拉。這實驗是否成功？浮海大學的教授於1927年做了一些總結，他們認為是失敗，原定學生互相交流的目的是完全達不到，因為與外地交流的大多是男生，日本情況最為嚴重，女生全無交流對象，令至她們無所

圖28　浮海大學所用的印刷機
與香港的《德臣西報》
相同

## The BINNACLE
Published Daily at Sea by The Floating University

圖29　浮海大學出版的報
紙仍存於世

38　*China Mail*, *Hong Kong Daily Press*, *Hong Kong Telegraph*, *South China Morning Post*, 《工商日報》，23 November 1926

事事。[39]行萬里路是否勝讀萬卷書？「黎淡號」的經驗是男生的得益比女生多，所以在招聘第二次浮海大學時，學生只限

圖30　浮海大學的錦旗

限男生，不知是否因為這限制，1927年的浮海大學未能舉辦。[40]

加拿大太平洋輪船公司皇后號系列於1932年又破訪港最大郵輪記錄，今次是「英國皇后號」(Empress of Britain)，亦是首條最大環遊世界的郵輪，排水量68750噸，也是橫渡大西洋最快郵輪，只需四天九小時。她的環遊世界首航於1932年2月11日早上抵港，船有三黃色煙囱。郵輪設有長短波無線電報，可與世界各地溝通，圖32是無線電室，房間安有電話，可接通全船。船上有奧林匹克標準游泳池，是郵輪中最大的游泳池。國泰餐廳 (Cathay Lounge)是中式設計，還有兒童遊戲室。傳媒以水上皇宮(Floating Palace)形容「英國皇后號」，她帶來約四百豪客，只有三名兒童，留港四天。[41]港督貝璐伉儷亦上水上皇宮看過究景。[42]豪客行程包括廣州一天遊，來回乘坐九廣鐵路直通車，

圖31　「英國皇后號」豪華郵輪

39　*South China Morning Post* 2, 13 May 1927

40　*The Rollins Sandspur* Volume 29 November 4 1927

41　*China Mail, Hong Kong Daily Press, Hong Kong Telegraph, South China Morning Post*,11 February 1932

42　*South China Morning Post* 2, 13 February 1932

環島和環新界汽車遊，山頂遊和品嚐半島酒店美食。壓軸好戲是皇家空軍在維多利亞港上空表演，完成後「英國皇后號」就離港往秦皇島。[43]

圖32　「英國皇后號」豪華郵輪的無線電室

圖33「英國皇后號」豪華郵輪的游泳池是當時最大

圖34「英國皇后號」豪華郵輪國泰餐是中式計

## 香港早年景點

　　早年景點受交通限制，轎、人力車和舢舨可到達地方多在港島。遊客從郵輪坐舢舨上岸，必達碼頭是上岸點，遊客抬頭一望就是香港19世紀地標：畢打街大鐘樓。當時景點是維多利亞城的大會堂、聖約翰教堂、羅馬天主教堂、港督府、植物公園、共濟會堂和香港會所。大會堂設有博物館、圖書館和歌劇院可供遊客參觀和欣賞歌劇表演，植物公園種滿熱帶植物供寒帶遊客參觀。共濟會堂和香港會所都只是供會員所用，不要忘記當年能夠遠渡東方的遊客都非富則貴，成為會員不是難事。黃泥涌的墳場有如花園，鳥語花香，有

圖35　「英國皇后號」豪華郵輪的兒童遊戲室

不少人到訪是找尋親友墓地；其鄰是馬場，可試試運氣。荷李活道的中式劇院和酒樓可滿足充滿好奇心的外籍遊客。香

---

43　*South China Morning Post* 2, 15 February 1932

港上海匯豐銀行可協助遊客處理貨幣問題，其建築物亦具特色吸引他們。19世紀的遊客對香港的裁縫師傅和東方藝術品特別喜愛，維多利亞城寥寥可數的裁縫店和東方藝術品就成為他們走訪的地方。位於畢打街大鐘樓旁的郵政局，是遊客必訪之地，因他們大

圖36　香港19世紀的大會堂

多會向親友報平安。維多利亞城亦有數間著名攝影樓，專為遊客留下美好回憶。他們從來想不到這些書信和相片，竟變成今天重要歷史文件，是歷史學者夢寐以求的第一首資料。

到了纜車和大潭水塘開幕

圖37　香港19世紀的植物公園

後，山頂是遊客首選，整個維多利亞港和九龍盡入眼簾；大潭水塘風景優美，更可讓遊客觀賞水塘是香港的特色及明白水塘的功能。

## 20世紀香港景點

踏入20世紀，中環填海將維多利亞城徹底改變，地標從畢打街大鐘樓移至皇后像廣場，廣場是香港最大公共空間之一，中間擺放皇室成員和香港重要歷史人物銅像，周邊是政商重要建築物，

圖38　19世紀皇后大道的攝影樓

每逢節日，必有盛會，遊客那會放過這名勝。交通發展亦令景點增加，電車出現衍生出電車遊，從堅尼地城經跑馬地到筲箕灣。差不多同一時間，汽油車又在路上出現，加上環港島和新界的柏油路完成，淺水灣酒店落成，乘坐汽油車環繞港島一圈，享受淺水灣酒店美食和海灘風光，便成為遊客的新好去處。若時間充裕，乘坐汽油車從尖沙咀出發，

圖39　　19世紀往山頂的纜車

經當時香港最長的兩條公路大埔道和青山道環繞新界一圈，在粉嶺哥爾夫球場午膳，也是遊客的新行程。九廣鐵路的啓用，遊客亦可選擇乘坐火車新界遊。不單新界，乘搭直通火車往來廣州的遊客，可享有即日來回之便。香港電力供應也走入新紀元，北角電廠啓用，一次世界大戰和平紀念，維多利亞城的夜景是一番新景像，燈飾美麗動人，見圖40。遊客在石塘咀享用中菜晚膳後，可利用晚上觀看維多利亞城的夜生活。一些遊客對香港大學和太古船塢感興趣，前者建於一個英式制度以華人為主的社會，大學的建築物具特別風格，後者是代表着當時香港的繁榮興旺的船務業。對中國歷史有興趣的就專誠走訪九龍寨城。乘纜車遊山頂仍是遊客必去處。除景點外，豪華遊客多喜歡購物。中式紀念品如竹帽、中樂器、玉器和絲綢等都吸引他們。郵政局亦是遊客必訪之地，他們以明信片報平安或給朋友作紀念。建築外貌優美的中環郵政總局，應該在他們心內留下深刻印象。另一遊客常到的地方是影樓。這些自然風景和建築物構成香港一幅美麗

圖畫，配上中西紀念品，香港贏得「東方之珠」和「購物天堂」的美譽。

# 結　語

　　香港開埠已見有旅遊活動，都只是一些商人和專業人士的個人活動，今天術語是「自由行」。自從有了火車、輪船和電報後，西方興起環遊世界，當然是乘坐豪華郵輪。香港維多利亞港水深，加上船塢和船務補給充裕，風景優美，因此是環遊世界郵輪必經之地。首次環遊世界豪華郵輪團就於1882年訪港。豪華郵輪是將陸上的酒店和娛樂場所如戲院、酒樓、舞廳、游泳池和球場等放在船上，因此船隻會越來越大和越豪華。19世紀環遊世界豪華郵輪從300英呎長發展至近500英呎，戰前已近800英呎了。九龍倉碼頭亦不斷擴建去配合豪華郵輪的發展。維多利亞港的繁榮，常令豪華郵輪要停泊在浮標，一兩日後才可泊在碼頭。駁艇生意因此可以長期維持，但早年的舢舨也隨發展變成電動的Walla Walla 。豪華郵輪帶來的是豪客，非富則貴，但學生也成為遊客，就來自美國一教授將學校移到船上，稱海上學府。香港有幸於1926年款待世界第一艘海上學府，香港大學生亦有機會與船

圖40　香港1919年維多利亞城的夜景

上學生交流。今天的啓德郵輪碼頭是改自機場跑道，有繼承
迎接坐飛機訪港遊客的意義。但環遊世界訪港的豪華郵輪就
比起19世紀失色，筆者期望戰後成立的旅遊發展局可以史為
鑑，向戰前的旅遊會學習，吸引世界訪港的豪華郵輪來港旅
遊。19世紀的景點，今天屹立的有跑馬地墳場、植物公園、
大潭水塘和山頂。隨著社會發展，只有自然風景的山頂仍然
是訪港遊客必去處。至於19世紀的景點，皇后像廣場、粉嶺
哥爾夫球場和香港大學雖然仍存在，但今天已不是遊客常去
的景點。反觀購物就是遊客的必去處。其實今天的景點，乘
「鴨靈號」遊維多利亞港，觀看兩岸的摩天大廈和夜景，倒
有點似19世紀的維港遊。乘坐汽車新界遊，亦可欣賞香港寧
靜的另一面，錦田保留了不少古蹟如祠堂、書院、廟宇和古
墳，其平原多是三層高村屋，亦有不少耕田，在一片草綠下
享受田原美景和品嚐有機午餐，亦有幾分19世紀的新界遊感
覺。

# 1960年代以前香港佛教公益法會話舊

危丁明

珠海學院香港歷史文化研究中心副研究員

　　法會，自佛陀創教便即出現，到今天已逾2,500年。當然，佛在時期，法會可能只是純粹的信徒聽法的集會。佛陀成道後，摩訶迦葉和阿難與五百羅漢集結經典，法會成為信徒回憶佛陀，誦讀佛經，分享佛法的神聖時間，也是僧侶接受在家眾布施供養的場合。及後隨着時代變化和佛教發展，法會越演越盛，歌詠讚唄，香、花、燈、伎樂供養，成為佛教重要文化風景。佛法東傳，法會與中國禮樂和信仰的傳統結合，集梵唄、供養、誦經、禮拜、念佛、持咒、觀想等等多種法門於一身。中土寺院的朝課晚誦，日常共修，根據不同經典、含攝佛菩薩大願的經懺佛事，祈福慶誕，延僧供齋，乃至追薦先人，超度亡靈等等，無一不屬法會範疇。僧俗四眾，心存善念，參演佛法，分享法筵，以法相會，如法修行，體悟佛陀本懷，超薦六道萬靈，陰安陽利，成就佛道。

## 一、馬棚火災醮會

　　雖位處南方海隅，香港一直深受中華傳統浸潤。開埠後，每逢社會發生重大災難或出現動盪，啟建法會仍是本地佛道兩教極為重要和深具特色的活動。大多數居民相信，憑藉法會的無量功德，既能以使往生者冤開怨解，順利生西，也足平復家屬們的喪親之痛，療癒人心。1918年2月26日在

跑馬地快活谷發生的馬棚大火，是香港史上最嚴重的火災之一，事後統計，葬身火海者高達六百多人。慘劇發生後，「受最絕大影響者，厥為戲院及各影畫戲院，連日觀劇者，均極寥寥。蓋遇害之家痛定思痛，故無暇往此樂地，而多數人士鑒於前車亦多歛足也。惟尼姑與喃巫等則應接不暇。」[1] 時距馬棚大火已經一個星期，但從報導看，影響猶在，娛樂業慘淡，市況蕭條，可見慘劇對社會各界震憾之深。

　　每當災難發生，死傷枕藉，傳統上都會認為，亡者走得突然，諸事未了，對人世不免有太多留戀，如此容易淪為孤魂野鬼，妨害轉世，甚至變亂陰陽，非啟建醮會安之不可。醮就是祭，以法會恭請諸天仙佛，施大法雨，普度亡魂。馬棚大火發生後不久，華人社會即有建醮超幽之議。2月29日，港英華民政務司即專門就此事致函東華醫院：

> 東華醫院列位總理先生鑒
> 敬啟者：
> 　　馬棚火劫，死者親屬多欲在該處建醮超幽。惟若人人准其建醮，手續甚繁。如　貴院以為此舉有益，則請　貴院代眾人建醮。
> 　　應如何辦理之處，希示覆。
> 　　此候
> 　　玉祉
> 　　　　　　　　　　　華民政務司夏理德（簽押）[2]

　　東華醫院在3月16日開始議論此事並通過承辦。當年值理何甘棠（棣生）更於兩日後刊出〈超度賽馬場遇難之靈魂啟〉，以「人皆有死，所可哀者意外之災；我又何求，所欲

---

1　〈馬棚浩劫八誌〉，見《香港華字日報》1918年3月7日。
2　〈東華醫院開街坊會議建醮事〉，見《香港華字日報》1918年3月18日。

盡者分中之事」為由，宣佈將個人出資在3月24日於跑馬地愉園啟醮，「設醮七晝夜，叩三寶之慈雲；轉瞬一晨昏，慨百年如薤露。佇見梵音響澈，驚醒十類之昏迷，甘露門開，拔濟二途之苦趣。從火炕而跳出，喜從蓮座皈依；賴極樂之超昇，共釋榆林之恫怨。」醮會附薦的「遇難先人之靈位，按照東華醫院之報名冊姓氏、籍貫。如未往東華醫院報名者或往愉園建醮酬辦處掛號」。是次醮會，更由「屯門青山禪院報效經懺七晝連宵，不取經費」。[3]醮會情況，據報章報導：

> ……先是在愉園射擊場，用紙紮成靈牌兩個，寫明在馬棚遇難之死者姓名、籍貫，分列男女幽魂，秩序整齊。昨日到場哭祭者，男女數達式千餘名。哭泣之聲，呼號淒慘，聞者亦為之下淚，其中婦女有哭至失聲者。幸場中已多備如意油、保心安油、通關散等匡救。[4]
> ……青山禪院、六祖禪堂、福勝庵、延壽庵均到場報效誦經咒。昨日之秩序愈覺齊整，男女到者亦達式千名。[5]
> 甫到門，懸一聯云：「到此便傷心，劇憐爛額焦頭，同胞苦難；入門休墮淚，猶幸超生度滅，我佛慈悲。」再上懸一聯云：「歎人間興盡悲來，不殊此劫；聽檻外鴉啼鵲噪，猶有餘哀。」再入，首為鼎湖山慶雲寺法壇。上有「慈雲普蔭」等字，兩楹有長聯一副，中設浮屠七級……右則為勝壽庵、延壽庵，尼姑法壇。再右則為萬佛法堂壇，其盡處則為觀音山應元宮道場……陳設精雅，與慶雲寺對峙。再拾級而上，則為動物場處，附薦棚設於

---

3　〈超度賽馬場遇難之靈魂啟〉，見《香港華字日報》1918年3月18日。

4　〈愉園超度馬棚亡魂記〉，見《香港華字日報》1918年3月26日。

5　〈愉園超度亡魂第式日情形〉，見《香港華字日報》1918年3月27日。

其上，與紫竹庵日本真言宗本願寺法壇相接。其對
峙則為慈悲大士棚，中則為福勝堂尼姑法壇處⋯⋯
參觀者大有山陰道上之慨⋯⋯[6]

　　東華醫院啟建的醮會雖然一直密鑼緊鼓，但出於各種條
件的限制卻姍姍來遲。初本擬在清明前後啟壇，惟所選建醮
地點需要搭棚，不但需要入稟港府求允，而且因搭棚匠的所
有竹木葵篷均在大火中被毀，必須在廣州重新採購，故啟壇
時間必須延後。到了4月3日舉行的第四次建醮會議，終以設
壇地點變數太多，改訂在何甘棠自資設醮的地點：愉園，時
間亦落實在了4月15日啟壇，[7]
七晝連宵。由以「道德清高」
[8]著稱的鼎湖山高僧主法。[9]醮
會「輓聯極多，而到場男女
之擠擁倍於前次。場中秩序
井然。」[10]在醮會結束後，
場上輓聯由梁國英報局彙
刊成冊，題書名為《劫火哀
音》出版。（圖01）

圖01　曾奉於馬棚大火醮壇上的三寶佛像

　　經過兩次超幽醮會，
市民心內的淒風苦雨暫得
緩和，社會整體氣氛逐步向
好。不過法會也為香港帶來一些負面效應。據報導：

　　自愉園建醮後，遠近之掛單和尚、閒遊道

6　轉引自高添強著：《馬場先難友紀念碑》，香港：東華三院檔案
　　及歷史文化辦公室，2016年版，頁62。

7　〈東華醫院會議建醮地點〉，見《香港華字日報》1918年4月4日。

8　〈東華醫院開街坊會議建醮事〉，見《香港華字日報》1918年3月
　　18日。

9　〈建醮廣告〉，見《香港華字日報》1918年4月10日。

10　〈東華醫院建醮〉，見《香港華字日報》1918年4月16日。

士，與及尼姑等均來本港，在各大住家簧惑。或
認為某處主持，或認為某觀道侶。不曰在新界大
嶼山建萬人緣，即曰在鼎湖山建天醮，乘機向各
戶騙詐，無知婦女多給以資數見不鮮，而以橫
街窄巷為多，甚至製造危言，意圖恐嚇。聞有四
環更練經報，由華民政務司轉由警察廳長嚴飭警
差，務將此等神棍拘拿押逐出境云。[11]

## 二、1920-30年代的萬人緣法會

反對迷信，是中國進入近代後出現的新概念，指的是反
對與理性和科學等西方價值相對立的傳統思想和態度。在其
中，中國的傳統宗教信仰自然首當其衝。民國成立後，信教
自由首次被納入國家約法，傳承千年的神道設教傳統一朝崩
坍，導人迷信成為其最大罪狀。各界對傳統宗教的批判撻伐
甚囂塵上，甚至傳統宗教的虔誠信仰者有時也只能避趨，例
如何甘棠在自資馬場醮會的告白中就寫道，「休云迷信之非
宜，當用精誠而感格」[12]，聲明醮會只為陰安陽樂，並非在
導人迷信。

萬人緣法會，又稱萬緣法會、萬緣勝會、萬善緣會或萬
緣會，對廣東地區的老一輩民眾並不陌生：

> 粵俗每年交廢曆七月，則神棍善棍之流，
> 手持緣部，沿街登門募化，歛財惑眾，廣催僧道
> 尼，搭棚廠，築法壇，設齋供，焚香燭，誦經禮
> 懺，攝孤判解，施放餓口，超度亡魂。紙糊方相
> 高丈許，財神大士等，分布壇中。元寶紙鏹香
> 燭之類，積如邱（丘）陵。其餘真衣香亭幡蓋盂

---

11 〈神棍何多〉，見《香港華字日報》1918年4月29日。
12 〈超度賽馬場遇難之靈魂啟〉，見《香港華字日報》1918年3月18日。

闌（蘭）盆冥器物，更不可勝數。壇內設附薦牌
位，收費大約分為三等：正座每一牌位收費五十
元至一百元；旁座每一位收費二十元至三十元；
普通每一牌位收費五元至十元不等。每次聚斂貲
財，達數十萬元之鉅，美其名曰打萬人緣。一連
七晝連宵，擊鼓鳴鉦，聲聞數里。至七宵完滿，
則將牌位冥鏹真衣紙札諸物焚化，火光燭大，其
勢較火警為尤甚。[13]

　　雖然由於當時的時代風氣使然，上文敍述不免帶有對
其「迷信」的鄙夷，不過關於萬緣會過程的描述卻應該大致
準確。萬人緣法會，確曾出現上文述及的斂財惑眾的先例，
但若以此即判定其性質未免是過於粗疏。因為從清末民初開
始，乃至現當代包括香港在內的海內外華人社會，萬人緣法
會一直是匯聚華人社會各階層的愛心和善款，並投放到公益
建設中的有效方法。而對於萬人緣法會傳統宗教儀式的主要
承擔者──僧、道、尼──而言，雖然他們通常只是義務參
與，不能從過程中得到應有的收入，卻是一個難得的機會，
不但使他們可以在當時社會上下一片的對迷信的撻伐聲中取
得該有的尊重，而且也增加了他們與社會各階層的接觸，從
而為打破傳統宗教與現代社會的隔閡創設必須的條件。將這
批儀式承擔者全部說成是神棍，當然也算不上公允的。

　　民國肇建，破除迷信成為新時代強調的主流價值，類似
規模的萬緣會有一段時間似乎沒有繼續啟建。1927年國民政
府北伐成功，廣州方便醫院曾以追悼留醫身故及各界亡魂為
由申請舉辦，但遭市政府明確拒絕。直到1933年，方便醫院
改以追悼大會名義申請獲准。其邀請啟事云：

　　　　本院追悼大會謹於國曆11月14日開幕，七

────────
13 〈導人迷信之萬人緣攷〉，見廣州市《越華報》，1931年8月16日。

畫連宵。15日上午10時，在場內禮堂開會，追悼
十九路軍抗日陣亡將士第一集團軍，暨各軍剿共
陣亡將士；海陸空軍警歷年為國殉難將士；淞滬
夑遭戮同胞；雨災溺斃暨歷年水災溺斃男女；方
便醫院歷年身故男女。凡我本院同人、暨各界諸
君，與附薦先靈各親屬，屆時務請賁臨指臨。[14]

　　是次「追悼大會」，明眼人皆知是，「掛羊頭，賣其狗
肉，其內容實萬人緣之變相耳。」[15]

> 　　城西方便醫院昨開追悼抗日剿共及海陸空
> 歷年陣亡將士大會，建醮設壇，規模極大……而
> 此會之僧道尼，悉為各寺觀菴出於熱心報效，全
> 屬義務性質，共勸善舉，英靈有之（知），會當
> 感戴矣。余昨……驅車往觀。會在原日本仁堂莊
> 房側面之空地，適與方便醫院相對。全座為棚而
> 成，喬麗堂皇，備極聳目。兩旁搭成小屋百數十
> 座，上糊以各種彩紙，五光十色，意為僧道尼輩
> 誦經所。正中之壇最宏偉，場內滿懸彩燈人物，
> 多含抗日意，置身其中，正是看之不盡，觀之有
> 餘，如入山陰道上，目不暇給。[16]

　　即使經過時代變遷，革命洗禮，萬緣會盛況依然不減。
不過，歷史還是為萬緣會打下印記。如設專壇陳列含時代主
題的工藝作品，僧道尼義務參與，啟建時間與盂蘭盆會脫離
等等。由此，萬緣會的形式和內容都被大大拓展了，開始由
傳統醮會逐漸向大型宗教嘉年華過渡，並且與社會公益事業

14　〈廣州方便醫院追悼大會啟事〉，見廣州《越華報》，1932年10
　　月14日。
15　〈變相之萬人緣攷〉（下），見廣州《越華報》，1934年4月17日。
16　〈追悼大會中之千里駒〉，見廣州《國華報》，1932年11月18日。

更為配合，成為籌措善款的有效方法。

　　1933年12月12日，由澳門鏡湖醫院啟建的追悼救國陣亡將士大會並設萬緣附薦壇，正是這次廣州方便醫院萬緣會成功經驗的繼續。澳門當時作為葡萄牙管治的城市，啟建萬緣會無須取得中國政府的認可。其仍依廣州方便醫院例，強調自己舉辦的為追悼救國陣亡將士大會，卻又點明設萬緣附薦壇，走的恐怕是文化上一種傳統與現代之間的平衡策略，目的是以最大程度鋪展開普度範圍，爭取各方支持。其捐啟云：

> 歲維己未以來，天災人禍，兵燹迭興。士兵斷胆，將軍死餒。東陸苦戰者逾年，歇浦堅持者數月。黑水白山之眾不少忠魂，江灣蘊藻之濱起為雄鬼。我澳僑念崇德報功之義，宜開追悼之會，更設佛事之場。出苦劫於生天，起沉淪於孽海，萬緣勝會，理合舉行。況復布施無限，人間有情，香火因緣，釋家最重。本澳最近丙寅、戊辰兩載，台山炮竹廠疊次爆炸。辛未之秋，二龍喉火藥庫爆炸。他如黃河崩潰、陝西大旱、漢口大水等等災變，胥皆殞命慘酷。陰氣結凝，死者難暝，生者傷心。凡此亡魂，併歸同類。且歷年敝院病亡男女先友，均欲同時普渡，一例超生。而適值院中增設義莊告成，舉行開幕，用妥冥靈。茲定於夏曆本年十月廿五日，延鼎湖寺僧，羅浮道士，廣州尼姑，在院設壇誦經，虔作七晝夜功德。[17]

　　香港由慈善醫院啟建萬善緣會，亦大約見於此時。1935年12月26日至翌年1月1日（農曆乙亥十二月初一日至初七

---

17 〈澳門鏡湖醫院追悼救國陣亡將士大會並設萬緣附薦壇募捐啟〉，見《香港工商日報》，1933年11月24日。

日），東華醫院在港島跑馬地東蓮覺苑啟建萬善緣會，以「超度歷年身故幽魂及籌充經費」[18]，並恭請年高德劭的高僧虛雲老和尚和澳門功德林觀本老法師為主持。東蓮覺苑創辦人、爵紳何東的夫人何張蓮覺居士，更親撰《萬善緣會意趣書》向社會大眾作介紹，認為：「萬善緣大會，是不可多得的。既可為陰人祝福，使他們離苦得樂，也可為陽人懺悔，使他們消災納福。誰沒有先人呢，我們紀念先人，便要替他們祝福了。」[19]又宣佈：

> 本會（萬善緣會）所集經費，除一切正當開
> 支外，所餘款項，一概撥充東華醫院常年經費，
> 務望各界踴躍參加，共成善舉。[20]

　　方便醫院、鏡湖醫院啟建萬緣會，所得收入扣除必要支出，雖然應作為醫院慈善經費使用，但奇怪的是，一直以來並沒有見過其在公開文告中對公眾作過相關承諾。東華醫院這次明確指出善款的流向，實際就是為日後由慈善醫院或善團啟建的萬緣會訂定一個善款流向公開和透明的標準，影響至為深遠。

　　距離距此不足一年後，東華醫院又再度啟建

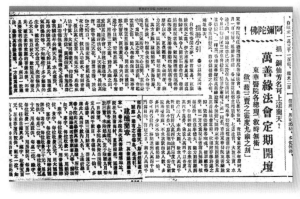

圖02　對名園萬緣會，報章上的棉裡針式報導

---

18 〈東華籌辦萬人緣　借東蓮覺苑為道場〉，見《香港工商日報》，1935年11月8日。
19 〈東華醫院舉建萬善緣會意趣書〉，見《香港工商日報》，1935年11月19日。
20 〈東華醫院舉建萬善緣會意趣書〉（二），見《香港工商日報》，1935年11月20日。

萬緣會。（圖02）1936年10月29日，萬緣會在七姊妹名園啟建。東華三院主席盧榮傑在開幕式上講話：

> 敝院此次舉辦萬善緣建醮大會，蓋鑑吾國比年以來，水火兵燹之禍，不一而足。即以本港而論，如馬□之火□，七姊妹之風災，西環煤氣鼓之爆炸成災，以及本院歷年的故先友，外埠運回先友骸骨。其中無主孤魂，亟待超度，用藉我佛之慈悲，解此幽魂之冤孽。加以敝院年中舉辦各種慈善事業，用費浩繁，亦欲藉此稍籌善款，俾資扞注。[21]

報章報導，「斯會之舉辦，純為三院籌款，但是屆規模，至為宏大，為本港建醮大會前所未有。附薦棚計有十餘座，壇色俱租自廣州、佛山等處，古色古香，無美不備。該會是屆舉辦斯會，統計經費逾萬元。」[22] 其實在該年初盧榮傑上任時，已將經費籌措，作為本屆領導層必須面對難題，因而寄望於萬善緣會，力求能吸引本港，乃至海內外華人參與。6月初，東華派出勸捐隊三隊，持大小捐冊，四出募捐。7月底時，盧榮傑表示，「至日前派出之捐冊，□已派員逐漸收回。照日來收回之捐冊□之，將來成績，實屬不惡，希望可得數萬元之鉅。日來收到海外華僑匯返捐款，已有二千餘元，但以數目尚未包括美國等地捐款在內。」[23]

另外，是次萬緣會分為四壇，承壇除了傳統的僧、道、尼外，還增設了居士壇，齋姑亦在此時加入：

---

21 〈東華三善院萬善緣法會開幕〉，見《香港華字日報》，1936年10月30日。

22 〈東華萬善緣法會明日在名園開幕〉，見《香港華字日報》，1936年10月28日。

23 〈東華萬善緣法會決定在名園舉行〉，見《香港華字日報》，1936年7月30日。

> 又此次萬善緣，乃由哆哆佛學社居士修大悲
> 寶懺，華首台高僧修大悲寶懺，沖虛觀道長修玉
> 皇寶懺，檀道菴淨尼修淨土寶懺。又有萬佛堂、
> 金霞精舍、心慶堂、永樂洞，及靜修女尼齋姑
> 等，約百餘眾，報效在附薦棚誦經。[24]

　　華首台、沖虛觀均在羅浮山，檀道菴在廣州，僧、道、尼均須外援，對於本港欲藉萬緣會募集善款的善團來說，實在頗為被動。然而以當時香港實際情況，傳統宗教短期不可能有很大發展，因此改變萬緣會的承壇方式就顯得其有地方性意義。哆哆佛學社創立於1928年，創辦人黃筱偉，是本地著名股商，同人亦多為本港知名人士。哆哆佛學社初設於蒲崗村曾富花園內。是次萬緣會的啟建地點，最初公佈的選址為九龍蒲崗村，與哆哆佛學社應有一定關係。而萬佛堂、金霞精舍、心慶堂、永樂洞等，均為在港之先天道齋堂。由此即可窺見本地紳商和東華方面在萬緣會本地化所作的努力。此次萬緣會之後不到一年，七七事變爆發，日軍全面侵華，形勢又生一變。

　　隨着抗戰軍興，難民湧至，眾生徬徨無着之際，傳統信仰安定人心力量驟增。香港不少山谷曠野，平白出現不少簡陋的小型廟宇，崇奉關帝、孔明，甚至曹操等三國英雄，而且進廟祈福、祈壽、祈平安者，日無間斷，足見人心思治之情。港府自1928年《華人廟宇條例》通過後，一直嚴厲執法，使傳統信仰發展空間受到壓縮。然而時逢亂世，為免節外生枝，自招無謂的人心浮動，也只能法外施恩，對這些新廟睜一眼閉一眼了。1939年3月，香港人口又攀至新高，港府醫務總監司徒永覺（Sir Selwyn Selwyn-Clarke）在孔聖堂兒童保康院成立典禮上承認：

---

24 〈東華三善院萬善緣法會開幕〉，見《香港華字日報》，1936年10月30日。

　　　　自中日戰事以來，想各位皆知本港人口劇
增至百萬以外，而難民來港者，不下五六十萬
眾……因難民擁擠，失業人數又多，生活程度又
高……是以露宿街中者，大不乏人。政府在市區
已建有難民收容所三間，在市外又築有難民營五
所，收容難民不下萬餘人，並供給其醫藥食宿。
同時露宿會亦鼎力協助，收容數百露宿者……
救世軍乃緊急難民救濟會，並在市內各處施贈粥
飯，每日施派至三千餘人。[25]

　　為籌款賑濟難民及超度死難軍民，1939年9月，英賑華
會（英國賑濟中國難民會）香港分會委托鐘聲慈善社啟建的
追悼中華殉難軍民萬人緣法會，在港島七姊妹道名園舉行，
由各山高道名僧禮懺七晝夜，超度殉難同胞。（圖03）此安

陰利陽之舉，自然
深得各方讚譽和參
與。[26] 現時牛池灣先
天道賓霞洞，門前
仍懸掛着1939年「
法雨弘施」鏡區，
即為當年香港九龍
超度中華殉難軍民
萬人緣法會所贈。
法會祭文，可謂聲
淚俱下，字字誅心：

圖03　報章關於香港九龍超度中華殉難軍民萬人
　　　緣法會的報導

　　　　嗚呼先烈，國之干城。沙場禦侮，長期力
爭。魯陽揮戈，×膽震驚。概自七七，×陷北

25 〈孔聖堂成立兒童健康院〉，見《香港工商日報》1939年3月26日。
26 《香港華字日報》，1939年9月4日。

平。烽烟瀰漫，×騎縱橫。禍延南北，蹂躪兩
京。萬牲罹毒，慘莫能名。賴我軍民，抗戰同
情。衝鋒摧×，慷慨請纓。以身許國，雖死猶
生。鳴呼先烈，為國犧牲。激勵後死，力役從
征。前仆後繼，救亡扶傾。萬眾痛惜，死哀生
榮。鳴呼先烈，心照汗青。生而為英，死而為
靈。□獲殺賊，威若雷霆。氣壯河嶽，光炳日
星。寧釀繼光，百戰功成。壯哉先烈，華夏蜚
聲。人誰不死，死亦轟轟。會開追悼，卓有典
型。哀感同胞，血淚盈盈。荷以花菓，誄以銘
旌。伏祈來格，鑒此丹誠。[27]

這是戰前重要法會，也是香港傳統宗教界一次總動員。
許多本來僻隱山林的名僧高道入世參與，為死於敵手的軍民
及陷於戰爭災難的苦難眾生，求得陰安陽利和心靈的撫慰。

## 三、戰後至五十年代的佛教法會

法會雖有助釋放鬱積在民眾心內的悲與憤，卻無法抑
壓侵略者的狼子野心，特別是對於以為自己正在下着一盤大
棋的日本軍國主義者而言，「大東亞戰爭」早已箭在弦上
了。1941年12月25日，香港在守土17天後宣告淪陷。淪陷初
期，在日軍刺刀的脅迫下，留港佛教僧俗與日本來港僧界領
袖，湊成了所謂的「香港佛教聯合會」：

　　1942年8月24日，「佛聯會」在花園道山頂
纜車站鄰近的婦人會館舉行成立典禮。在該典禮

---

27 〈萬善緣大會昨已開幕〉，是由見《香港工商日報》1939年9月4
　日。文中的「×」，是因為當時英國與日本之間尚未宣戰，為保持
　所謂的「中立」，港府實施新聞檢查，凡涉及日方的用語都必須刪
　去，以×代之。

> 前，則先舉行追悼陣亡日軍將士的盂蘭盆法會。盂蘭盆法會的會場正中設有靈台，三寶佛下則放有「皇軍英靈」的木牌，而各出席嘉賓的花果花圈則放在陳台之上。在儀式開始之後，宇津木二秀及本山義城二位法師穿上五綵袈裟擔任儀節的主禮。……典禮及盂蘭盆法會的經費大多由日人支付……香港佛教團體的捐款只有一百元。[28]

這個不情不願的法會，可能是日佔時期有香港佛教界人士較廣泛參與的唯一一次。之後的許多法會，因在港日本僧界認為會自貶身價，故很少邀香港佛教團體參加。事實上當時香港佛教團體多自顧不暇，只能藉節誕在本道場啟建個別小型法會，勉強維持生計，全港規模的公益性法會，不但政治上不可能，經濟上也難以支撐。情況要到日本宣告投降才根本改變。不過，這淒涼的三年零八個月留給香港佛教界也不盡是夢魘，戰前一些大德高僧主張設立的佛教聯合組織，終在侵略者屠刀威脅下成為現實。這個團體在戰後馬上重新進行了組織和登記，成為與戰時同名，內容上卻是全新的本地佛教界代表。

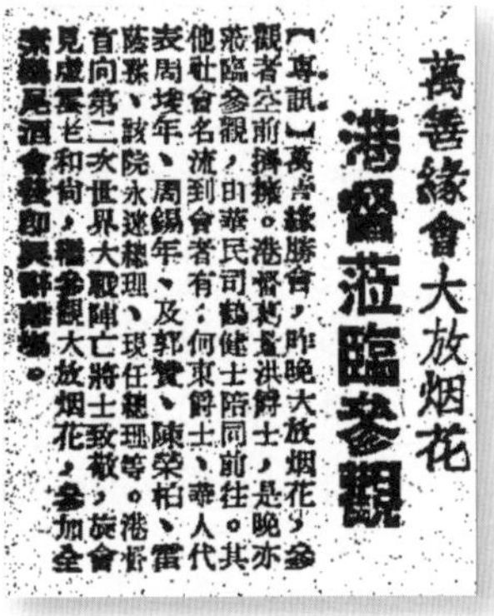
萬善緣會大放烟花
港督蒞臨參觀
【專訊】萬善緣勝會，昨晚大放烟花，參觀者空前擠擁。港督葛量洪爵士，是晚亦蒞臨參觀，由華民司麥健士陪同前往。其他社會名流到會者有：何東爵士、華人代表周埈年、周錫年、及郭贊、陳榮柏、雷蔭蓀、該院永遠總理、現任總理等。港督首向第二次世界大戰陣亡將士致敬，旋會見虛雲老和尚，繼參觀大放烟花，參加全素雞尾酒會後即興辭離場。

圖04　港督臨壇

距離日本投降兩年，1947年8月23日，東華三院啟建七晝萬善緣盛會，「一則以佛教儀式，追悼第二次世界大戰死難忠魂，與歷年海陸空失事之無辜死難同胞，及在本院病故之各界人士；一則利便孝子賢孫，超度先靈，而增加本院之善款收入。」[29] 法會會場設棚於港島南華體育會運動場館曠地，恭請虛雲老和

---

28　陳智衡著《太陽旗下的十架——香港日治時期基督教會史（1941-1945）》，香港：建道神學院，2009年版，頁118。

29〈萬善緣勝會之盛況〉，載《東華月刊》1947年10月一卷1期，香港：東華三院，頁14。

尚由曹溪南華寺來港主持。（圖04）

> 全場電燈，須用二千餘枝，均由本屆董事局
> 總理林鳳生商請袁九電燈光管公司報效，計需工料
> 銀數逾萬元……其他道壇品物，則名由岑顧問載
> 華商請龍慶佛堂分頭借用。計此次附薦先靈，不下
> 七千餘宗，允為空前盛舉。查萬善緣勝會之第一、
> 四、七晚，並由本院前總理陳蘭芳熱心策劃，由香
> 港廣萬隆爆竹廠及東莞陳泰記承造烟花，在場燃
> 放。港督葛量洪爵士亦撥於第四晚蒞會參觀。本院
> 董事局同人特備素雞尾酒會款待嘉賓。[30]

　　東華萬善緣法會圓滿後，戰後成立的香港佛教聯合會
同人趁此良機，除商請老和尚主持盂蘭普供，更「鑒於世界
大勢，戰爭雖告結束，但各國仍未安定，人民不能安居樂
業」[31]，啟建祈禱世界和平息災大悲法會三天，由老和尚主
壇。9月5日，法會在東蓮覺苑開壇。「因法會發自善心，
會場充滿一片樸素，莊嚴氣象。左右兩室，併闢延生及附薦
位，登記者極眾。……四眾弟子到會者，踴躍異常，其中尤
以女性為多。因法會對為祈禱世界和平，故以《大悲懺》為
主，每日三次禮懺，每次時間約一時十五分，均由虛雲老和
尚啟導，旋由其他法師繼續主持。」是次法會，場內一切支
出，全數由佛聯會負責。「至登記延生及附薦者，亦無分等
級收費。其若善心弟子自願捐簽香油者，亦彙集送由老和尚
作修建南華寺及雲門寺之用。」[32]

---

30 〈萬善緣勝會之盛況〉，載《東華月刊》1947年10月一卷1期，香
　　港：東華三院，頁14。

31 〈佛聯會發起祈禱世界和平息災大悲法會〉見香港《工商晚報》
　　，1947年8月27日。

32 〈祈禱和平息災法會昨在東蓮覺苑開壇〉，見《香港工商日報》
　　，1947年9月6日。

　　1949年10月，中華人民共和國成立。香港雖保有其英殖的政治地位，卻已被推到資本主義與社會主義兩大陣營冷戰的前沿。來自內地的不同政治效忠的民眾，在此形成左右兩股勢力，在政治、經濟、文化等方面不斷進行明爭暗鬥。原本相對靜止和保守的文化生態發生改變，批判成為日常，而早在民國成立前就被認為是拖歷史發展後腿的傳統宗教往往成了陪鬥、磨心，在批鬥左派時或被拉出來作對比，在批鬥右派時或就被當作證據。如1952年8月同期舉行了兩個萬善緣勝會，分別由東華三院和博愛醫院兩大善團啟建。有記者就在報章中作如下評論：

　　　　不問蒼生問鬼神，這當然是世俗人心的迷信舉動……從兩個勝會附薦的數字來看，信仰僧尼法力的人委實不少。利園山上一個觀世音，原是電影公司的道具，已有無數迷信的人在濕地叩頭……這樣一來，硬把大鼻子作為爺爺的「進步」人物簡直看得眼紅。不能否認的，崇拜泥塑偶像者愚蠢的行為，但硬要人去崇拜一個異族侵略的惡魔，其愚蠢行為，和那群濕地上朝拜泥像者殊無二致。[33]

　　這樣過度政治化的解讀方式，對於市民關於傳統宗教法會的印象具有極大的傷害性，更有報導有人跑到法會裡附薦「大陸遇害公審自殞男女同胞孤魂等眾之靈」[34]，要把勝會變成政治鬥爭的輿論格鬥場，那就更是毀滅性的破壞了。因為大多數公益法會的支持者，他們都不想捲入這種意識型態的角力中，所以寧願避之則吉。這可能就是1950年代，除

33　大虹〈哀思與抗議！──寫在兩個萬善緣會之前〉，見香港《工商晚報》，1952年8月23日。

34　〈萬善緣勝會致祭大陸遇害同胞〉，見香港《工商晚報》，1952年9月1日。

1956年9月6日由東華三院啟建的萬善緣勝會規模較大外，整體大型公益法會減少，而且影響不及從前的原因之一。

不過，大型公益法會的減少，也使傳統宗教的社會形象，隨着香港由戰爭中復元，經濟從轉口業成功向製造業轉移，社會崇尚時髦，強調科學，而日趨低落。對佛教的負面看法成為定勢，不少人認為和尚、尼姑是靠悼亡經懺吃飯，都是一些不祥之人，碰見就晦氣，非要喊句「大吉利是」不足以逆轉霉運。

> 有一天為籌備「盂蘭盆供法會」而外出，當天正值跑馬日，當我登上電車之際，突然傳來一把很大聲音：「㖭！大吉利是，今天不用賭錢！」我當時也有一點不知如何是好，幸好佛力加庇，給了我一點智慧，我也只好「笑咪咪」的對那人說：「吓，真是呢，真的是『大吉利是』，因為你們見到我這位出家人，今天大家一天到晚一定大吉又利是，諸事順利。先生，你今天一定不用輸錢，因為你今天見到我，不用賭錢，不賭不是賺了錢麼？你也省了錢，我也免煩惱，你要多謝我了！」[35]

思維定勢的形成並非一朝一夕，要改變思維定勢也不可能一蹴而就。作為香港佛教的代表團體，香港佛教聯合會當然深明此理，在繼續配合社會發展，加強慈善工作，踐行人間佛教精神的同時，大力開展佛教文化的的發揚和重建。一方面，將既有的宗教服務與社會需要聯接，使傳統融入現代社會，另方面，則通過爭取應有的宗教權利和運用新的傳播手段等，樹立與現代香港佛教相適應的文化形象。進入1960

---

35　覺光長老口述，智禮筆錄：〈供僧、敬僧〉，載《香港佛教》2012年10月第629期，香港：香海佛教聯合會，頁39。

年代，有關各項工作，按步就班，徐疾有致，順次展開。

## 四、兩場著名的超薦法會

為了扭轉戰後社會對佛教的成見，必須讓大眾對已習以為常，並且不少人認為勞民傷財的佛教法會重新加以關注，否則一切無從談起。而在資訊發達的現代社會，要引起公眾關注，最直接的方法就是成為新聞的熱點。不過，舊日炒作新聞的風氣尚未盛行，成為新聞熱點必須靠因緣際會，應機而行。而在1960年，卻又是由一宗馬場意外事件開始的。

1960年元旦，香港快活谷馬場罕有地安排一連兩日賽事，然而接連兩日都發生騎師墮馬事件，尤以1月2日最為嚴重，著名騎師司馬克更是傷重不治。可能因為事發突然而且存在太多巧合，所以事發後賽馬圈內傳出鬼話連篇。有人還連繫世紀初的馬棚大火，於是更陰風陣陣，人心杌隉不安了。

> 馬伕們所組織的職工會，便聯同騎師們，向馬會董事局申請建醮。結果，在獲得董事周錫年醫生之助，不獨獲得董事局通過批准，且更撥出款項一萬元來進行其事……據一般忖測，馬會當局（當時只有周錫年一位華董，之外均為外籍人士，不是基督教信徒，便是天主教信徒——引者注）這番措施，大約是見得目前騎師和馬會職工大部是華人，姑順從華人習慣，免使他們尤其是騎師心理上和精神上遭受一番威脅。
>
> 據說他們在獲得批准後，事有湊巧，有一位騎師剛遇着馬主張玉麟，原來張氏是佛教會居士，他聞說便很熱心幫忙，更得本港佛教會熱烈支持，允為義務相助，因此法會籌備工作，就非常順利推行。其中居士如佛教會副會長陳靜濤，值理張鎮

漢、黃允畋、馮公夏、楊日霖、曾碧山、梁端卿、毛文達等，皆熱心奔走，出錢出力，以助其成。[36]

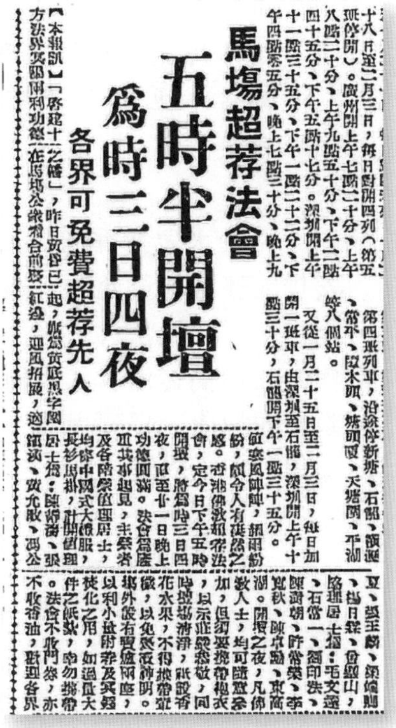

佛聯會的熱心，除了是急公好義，客觀上也應是估量了事件的新聞性，認為可以通過是次法會一新港人對佛教的印象，於是不僅義務相助，還出錢出力，以助其成。由此便成就香港佛教聯合會創會以來首個最大型的佛事、也是快活谷馬場開跑以來的首場法事——香港馬場超薦法會。（圖05）（圖06）

超薦法會從1960年1月18日開始至21日結束，歷時三日四夜。當日全體華洋騎師、練馬師及中西名流均出席啟壇儀式，由馬會董事周錫年爵士主祭，祭文悼念追溯至1918年快活谷火燒馬棚，歷年馬場殉亡騎師，建醮超幽，安定人心。

超薦法會有70多名比丘、比丘尼法師，219位女居士、172位男居士、50多

図05　關於馬場超薦法會的報導

圖06　馬場超薦法會牌樓

---

36 〈法雨塵消五百春〉，見香港《工商晚報》1960年1月19日。

名善信，在長老大德帶領下，持誦大悲咒環繞馬
場一周，歷時近一小時，梵音繞空，莊嚴肅穆，
而附薦者逾四萬人。這次法會各主壇高僧大德、
法師均屬義務，不取分文，一為超度歷年馬場死
難者，也為生者祈福，亦使香港佛教為大眾認
知。[37]

為使大眾對香港佛教有新的認知，法會圓滿日，佛聯會
安排陳靜濤、黃允畋、楊日霖等居士發表演說。陳靜濤着重
指出，「此次法會各大德高僧，乃為證道而來，功德無量，
與一般指摘迷信者『大相逕庭』。」黃允畋更將佛門與善團
為善作對比，提醒大眾，佛教悼亡經懺亦是為善，與善團救
濟同，不應別樣視之：

　　佛教人士舉行超薦法會，是有至理在乎其
間，由多位高僧主持法事，數十位大德共同集中
精神，誦經拜懺，心存觀想，為人類祈求和平幸
福，為幽靈祈禱超昇。因為人間以外，有許多受
苦待救之亡魂，所以佛門有法事功德⋯⋯本人愚
見，以為各大善團從事各種善舉，而善長仁翁雞
鳴而起，孜孜為善，致力佈施，其捨己為人之偉
大精神，殊足敬佩；但救濟對象，在乎生者。佛
門弟子，多作善事之外，不祇度生，還要救死者
脫離苦海。[38]

由於是次法會的圓滿，又成為了三年後另一場著名法會
的遠因。

---

37　覺光長老口述、智禮筆錄：《安民心悼死難香港馬場超薦法會》，載
　　《香港佛教》2013年2月第633期，香港：香海佛教聯合會，頁43。

38　〈超薦法會功德圓滿　馬場明日舉行賽馬〉，見香港《華僑日報》1960
　　年1月22日。

美利樓，今天被安置在赤柱海旁，成為香港著名景點之一。這幢建於1844年的維多利亞時期風格的建築物，原位在中環花園道與金鐘道交界，屬英軍美利兵房（又譯瑪利兵房）的一部分。日佔時期，曾作為日本憲兵辦公地點之一（時日本憲兵總部在今終審法院）。傳說很多被捕人士會囚於美利樓後院，其中不乏遭虐死或不堪虐待而自殺者，有說達四千多人。1963年4月，港府差餉物業估價署遷入美利樓辦公，怪事隨即連番發生。經潤色渲染，以訛傳訛，一時間，美利樓內，鬼影幢幢，鬼聲啾啾，不少員工向上級報告精神大受影響。「員工們還提到：三年前馬會連續發生騎師墮馬……後來由佛教高僧在馬場舉行三日四夜越薦法會，自此而後，墮馬雖有發生，但並無命案。因此，員工們希望同樣來一次法事，超度亡魂。……華民政務司根據所陳，于是和佛教聯會聯繫。」[39]

　　覺光長老回憶此事時說：「對於港英政府主動找我們佛教法師去做法會，我有點詫異，這種情況在現今或以前都是不常見的，不僅僅是佛教，其他宗教的亦如是。」[40] 事件被媒體曝光後，政府新聞處亦破天荒正式對外承認鬧鬼事件，並正由華民政務司署、差餉物業估價署和香港佛教聯合會研究設壇誦經超度事宜。由於事件深具新聞性，一經披露，馬上就成為新聞熱點。

　　佛聯會特為此事成立法事小組委員會，決定法事以佛聯會名義啟建，定名「香港佛教聯合會超薦法會」[41]，有關費用概由佛聯會負責。雖然是佛聯會主辦的公益法會，但應港府要求，不向市民公開，也不設對外附薦。黃允畋居士表

39　〈盛傳鬼魂出現　驚動華民司署〉，見香港《工商晚報》1963年5月4日。

40　覺光長老口述、果燈筆錄：《差餉物業估價置鬧鬼》，載《香港佛教》2011年8月第615期，香港：香海佛教聯合會，頁39。

41　〈差餉物業估價署超薦法會期近〉，見香港《工商日報》1963年5月11日。

明，「本人對有無鬼出現問題，不加討論，但佛教會向以慈
悲救世，普渡眾生為懷，實應見義勇為，使該署男女職員安
心工作，所以用佛教會名義舉行超薦法會。」之後佛聯會又
對外強調，「站在佛教的立場來說，他們對鬼存在是不否定
的。法會的意義，是向一切『寃魂』宣講佛法，勉以『皈依

圖07　美利樓上的超薦法會匾

圖09　差餉物業估價署署長成嘉
　　　士上香

圖08　美利樓內高僧大開普度

我佛』，以求解脫，怪異
自然平息，與驅邪捉鬼之
說大不相同。」[42] 甚至考
慮到相關死難者不只是華
人，為使外籍人士亦可得聞經義，
寃消結解，還請華民政務司署援手將部分經文譯成英文。[43]
（圖07）（圖08）（圖09）

　　　1963年5月19日，香港佛教聯合會超薦法會在美利樓內
啟建。參與法會的覺光長老回憶：

──────────
42 〈差餉署內法事並非驅邪捉鬼〉，見香港《大公報》1963年5月17日。
43 〈佛經要譯英文〉，見香港《華僑日報》1963年5月12日。

我們準備了各項法器和供品，在二樓西座設了一座佛壇，內由45位大德法師住持燄口法事。樓下則設有附薦壇，超度枉死的無祀孤魂，又於地下設面燃大士，負責鎮守壇場。法會由下午二時開始，先進行全場灑淨，用楊枝淨水灑遍差餉物業估價署內每一角落。下午4時，則進行了一場蒙山施食法會，直至6時30分結束。整場法會由93歲的倓虛長老親自主持，共56位法師參加，包括筏可法師、茂峰法師等，政府內部華洋高官均出席拈香。法會進行期間，出動警方在場維持秩序，除法師、佛聯會董事居士和記者外，其他市民都不准進內。

這次法會之後，便再沒有聽到過差餉物業估價署出現不安寧的事情了。[44]

## 五、香港佛教同人祈雨法會

在三年內舉行的這兩場深受傳媒關注的法會，雖然形式不脫禮懺祈福的傳統窠臼，精神亦不離安陰利陽的佛系慈悲，但因為事件的話題性所引發的媒體和市民的高度關注，連續的報導使法會的過程和目的都變得十分透明，從而使大眾對法會的意義有了更深入認識，知道以往習以為常的法會竟然是如此的不尋常，既有的思維定勢終於開始鬆動。而接續的另一場法會，更因為牽涉到香港廣大市民的燃眉之急，結果又如此不可思議，而成為歷久不衰的話題。這就是著名的「香港佛教同人祈雨法會」。

香港蕞爾小島，淡水資源一直短缺。早在1895年就開始有了限制用水（港稱「制水」）的記載，然後是1902

---

44 覺光長老口述、果燈筆錄：《差餉物業估價置鬧鬼》，載《香港佛教》2011年8月第615期，香港：香海佛教聯合會，頁39。

年、1929年。戰後，隨着人口的大量增加和工商業繁榮所引起用水量上升，水資源短缺問題越來越尖銳。長期以來，港府解決問題的唯一板斧是撥地增建水塘蓄水，而水的來源卻仍只能望天打掛，所以遇有較長時間的乾旱天氣，制水幾乎就是必然。政府尚且難有作為，民間只能自救，最簡便的方法，就是向蒼天祈求早降甘露。求雨因而成為港地甚具特色的宗教文化風景。傳統宗教，不論佛、道、儒或民間廟神崇拜，求雨有年，駕輕就熟，就算是天主教、基督教、印度教等，亦不甘後人。港府首長，為舒民怨，亦樂於參加各宗教團體大大小小的求雨活動。反正得過且過，待到乾旱結束，生活回復正常，就一切如舊了。（圖10）

圖10　關於求雨法會的報導

1963年，香港人口增至400萬。由1962年年底開始的長期乾旱，正嚴重干擾市民的日常生活。全港14個水塘存水量僅能供應43天食用，香港已面臨生死存亡。山溪斷流，水塘乾枯，土地龜裂——這是香港自1884年有氣象記錄以來出現的最嚴重乾旱。港府開源無方，只能依例制水。親歷其境的覺光長老回憶，「當年政府規定每天供水4小時，其後更改為每4天供水一次，每次4小時。每次制水，洗澡、洗衣、煮食等皆成問題，居民苦不堪言。」[45] 為解民眾之苦，香港佛教聯合會發動約50萬佛教徒於

---

45　覺光長老口述、智禮筆錄：《眾志成城　天降甘露》，載《香港佛教》2011年12月第619期，香港：香海佛教聯合會，頁39。

1963年3月8日開始，一連七天，在各個道場虔誠祈雨，又啟
建修懺法會於東蓮覺苑，舉行水陸放生。5月14日，因水荒
未減，佛聯會筏可老法師、黃允畋居士又聯銜函請全體佛教
徒再度祈雨：

> 蓋聞精誠所至，金石為開。昔者成湯克夏，
> 天旱三年，湯乃以身禱於桑林，以大事自責，禱
> 畢雨降。是知誠可格天，至誠感神。經書所載，
> 信而有徵矣。今者，天不我弔，旱魃為災，報章
> 所載，各地皆然。而本港苦旱，亦已八有閱月，
> 園田龜裂，水塘將涸，窮其所至，苦難勝言。
> 同人等同居斯土，同罹其災，曾經觸目，寧勿驚
> 心。為憫眾生之苦，應推胞與之懷，尤宜同發惻
> 隱之心，共謀禳救之舉。行此一點善事，便見天
> 地良心。茲議決聯合教中同人，舉行禳災祈雨勝
> 會，由我教中各寺院、精舍、會社，聯同一致，
> 各在本道場即日起虔誠行法，同發仁心，共襄善
> 舉。用是裁箋奉達，請於見函即日開始，庶竭眾
> 誠，上洽天心，行見朝吹醒酒之風，暮降催詩之
> 雨，油然沛然，甘霖甘澍，民皆大喜矣。[46]

　　為響應佛聯會號召，香港佛教界人士，以張玉麟居士為
主席，組成祈雨法會主席團，東華三院、保良局、博愛醫院
三大善團為法會贊助人，決定5月26日起，一連三天，在快
活谷公眾棚舉行「香港佛教同人祈雨法會」。法會有兩大目
的，「其一係以萬眾精誠，感應上蒼，以期早降甘霖，而甦
民窘；其二，在大雨未降之前，藉使全港居民，提高警惕，
萬分珍惜用水，使能安渡旱厄。」[47] 法會向公眾開放，期以

---

46 〈發動五十萬佛教徒祈雨〉，見香港《華僑日報》1963年5月15日。
47 〈祈雨法會啟壇〉，見香港《華僑日報》1963年5月27日。

最大願力,感格蒼天,因而啟壇當日,盛況空前。據報載,「9時,港九諸山長老,男女法師數百人,已魚貫到場,大部分係遠來自新界各區名山,與及僧尼四眾,共達千人。各界善男信女亦自四面八方洶湧而來,包括達官貴人以至販夫走卒,共達五千餘眾。馬季休息之公眾棚,又呈一番擠擁。」[48]「祈雨法會⋯⋯上午11時啟壇,恭請茂峰老法師、明觀老和尚、明常老法師主法,周錫年爵士主禮,法師帶領參加的三千名信眾在馬場繞場眾諷誦《大悲神咒》。」[49]「最奇者是時本是炎陽高照,但當此一大群誦經人員,所經之處,均有雨雲遮陰。一若上天有意,免使此群為港人謀幸福者,再受烈日蒸曬之苦。在場善信睹此跡象,咸以為奇。詎不旋踵間,各方電話傳來,銅鑼灣、北角、油麻地、旺角等區地帶,聚降喜雨。善信聆此消息,各皆歡欣無限。」[50]事實上,在法會圓滿後沒過多久,這次持續9個月的乾旱亦正式宣告結束。

這立竿見影,求雨即驗的佛教盛事,翌日即由各大報章傳揚全港,自然吸引更多善信入場隨喜。三日法事,據非正式統計,[51]入場者竟達十萬之眾,為開埠以來罕見。永明法師在論述此事影響時,恰當指出:

> 當年,馬場求雨的僧尼道俗,來自嶼山茅蓬,新界陋室淨苑,港九陌里橫巷。他們以自己的信仰,虔誠膜拜,祈求上蒼降甘露。當時碧雲藍天,紅日之下,香港跑馬場,展露的不是奔躍的馬蹄與鞭影,卻是人類心靈的無私與誠敬。香

---

48　〈祈雨法會啟壇〉,見香港《華僑日報》1963年5月27日。

49　覺光長老口述、智禮筆錄:《眾志成城　天降甘露》,載《香港佛教》2011年12月第619期,香港:香海佛教聯合會,頁39。

50　〈祈雨法會啟壇〉,見香港《華僑日報》1963年5月27日。

51　〈佛教祈雨法會昨晚圓隆　十萬善信均誠心參加〉,見香港《華僑日報》1963年5月29日。

港市民看到自己的社會裡，確確實實有一「香港
佛教」的實體，站在他們眼前；站在他們的行列
之中；為香港社會，一盡己能，默默地奔忙。如
果佛教醫院的籌建，是香港佛教徒力量、信心、
團結、凝聚的具體表現；那麼，馬場求雨則是戰
後香港農禪佛教，公開投入社會，直接關心眾
生，另一次的真性流露。[52]

## 六、小結

　　自明代以還，經懺佛事一直在中國佛教佔有重要地位，
很長的一段時間甚至成為主流。民國時期，連佛教領袖太虛
大師亦視之為佛教衰落原因之一，斥之為「懺焰流」，指他
們是「學習歌唱，拍擊鼓鈸，代人拜懺誦經，放焰設齋，
創種種名色，裨販佛法，效同俳優，貪圖利養者也。」[53] 不
過，作為宗教構成的一個部分，儀式卻是必不可少的，因是
之故，不管大德高僧和賢人哲士費盡多少唇舌，直到今天，
經懺佛事仍是佛教的重要特色。實際上，經懺佛事尊經重
禮，揚善遣惡，強調因果報應的同時，又力倡寬懷釋怨，同
歸慈悲，使中國傳統的孝弟忠信，仁義道德得以深入民心，
歷久不衰，客觀上維持了社會的穩定和發展，確有着其不可
代替的功能作用。從馬場超薦到今天的抗疫祈福，正是每逢
社會出現重大災難或困難時，都會義不容辭以各種形式及時
提供宗教服務和社會服務，香港佛教才會在十里洋場的東方
之珠立定腳跟，迎着時代風雨不斷向前。由此觀之，阻礙前
進的從來不是舊傳統，而是如何將傳統接合於時代需要——
或許這可以是我們理解人間佛教的另一個向度。

52　永明法師編著：《香港佛教與佛寺》，香港：大嶼山寶蓮禪
　　寺，1993年版，頁134。
53　太虛：〈震旦佛教衰落之原因論〉，見《太虛大師全書》第29冊，
　　台北：善導寺佛經流通處，1980年版，頁42。

# 雷州之先民與雷祖

蕭國健

珠海學院中國歷史研究所教授

暨香港歷史文化研究中心主任

雷州市舊稱海康縣，為廣東省湛江市轄縣級市，位於雷州半島中部，東瀕雷州灣，西靠北部灣，北與湛江市郊、及遂溪縣接壤，南與徐聞縣毗鄰。雷州民系，稱雷州人，為廣東四大族群之一，發源自福建閩南地區，後與當地百越民族互相混合。

雷州半島地區於新石器時代已有先民繁衍生息。春秋稱百越，戰國屬楚，秦時屬象郡。隋唐時期，為漢、黎、苗、侗、瑤等民族雜居地。宋朝以後，大量閩人南遷，定居雷州半島及周圍地域，成為主要居民。

## 雷州之鯉魚墩人

目前所知，最古老之雷州半島土著居民，為鯉魚墩人，他們很可能為先秦時代駱越民族之先祖。鯉魚墩人之名因雷州半島鯉魚墩新石器時代人類居住遺址得名，遺址位遂溪縣江洪鎮北草村委會東邊角村鯉魚墩，該墩在東邊角村之東南部，兩者相距約百米，因形似鯉魚而得名。

鯉魚墩遺址為新石器時代中期貝丘遺址，遺址總面積約1200平方米，發掘面積629 平方米，文化堆積分為6 層，其

中第2～5層為貝殼堆積，堆積最厚處達1米多。因鯉魚墩遺址之學術價值巨大，學界將其稱為「雷州半島第一村」。該遺址被認為與廣西頂螄山遺址具有密切聯繫之文化遺存，當屬同一文化系統。

研究者發現，鯉魚墩先民主要以海生類資源為食，陸生資源（包括塊莖類原始農業及動物）只佔次要地位。考古資料研究表明，早在8000年以前，我國長江流域及黃河流域之先民，就已各自開始種植稻及粟。鯉魚墩人之食譜分析結果印證了這一推測，7000多年前之雷州半島先民尚處於漁獵經濟階段，並未發展發達之水稻農業文化。

研究者認為，「鯉魚墩人應屬於蒙古大人種之範疇，可被視為古華南類型群體，較接近於現代之南亞類型（即今之東南亞人群）。與福建、廣西、浙江、江蘇、安徽等地之古華南類型族群存在一定種系差異。」

## 雷州之駱越民族與石狗崇拜

駱越為很早前已居住在我國南方之古老民族，早在周代已有駱人之記載，春秋戰國至秦漢時期，駱越分佈於今包括雷州半島在內之廣東西南部、廣西南部、越南北部，以及海南島。據《漢書南蠻傳》載：「駱越之民，無嫁娶禮法，各因淫好，無適對匹，不識父子之姓，夫婦之道。」《後漢書馬援傳》載：「援好騎，善別名馬，於交趾得駱越銅鼓，乃鑄為馬式，還上之。」駱越之名才正式出現中國文獻。

秦漢以後，北方漢族因戰爭動亂逐漸南遷，進入雷州半島，當時之雷州半島還被稱為「蠻荒之地」、「瘴癘之鄉」。漢越民族之融合，使駱越族之圖騰崇拜習俗，在雷州得以傳承與發展。南朝時，雷祖陳文玉「狗耳呈祥」之謳降，形成了獨具雷州地方特色之民俗文化。

雷州古屬駱越盤瓠部之地，這支古代越人自稱為狗之

後人，有崇拜狗之習俗，用玄武岩雕刻狗圖騰（俗稱「石狗」）作為崇拜物，雷州習俗以石狗作為守護神及吉祥物供奉。雷州石狗為漢越文化融合之產物，雷州人普遍在門口、村口、路口、水口、廟前、墓前，豎立石狗，逢年過節，初一、十五，或遇紅白喜事時拜祀，祈求內容有向石狗祈雨、祈庇護、祈送子嗣、契石狗作父，及給小孩取名狗仔、並讓其戴「狗仔帽」、穿「狗弄衫」等。2005年，雷州石狗信仰列入廣東省非物質文化遺產保護名錄。圖1、2

圖01　雷州民居門前之石狗　　　圖02　雷州石狗博物館內展出之石狗

## 榜山村雷祖古廟內之「會盟碑」

雷州市海康縣附城鎮之榜山村，為約有二千年歷史之古村落，文化底蘊深厚，為雷州市雷祖文化發祥地，村後石狗坡、及村南長坡之遺址，散布有漢代水波紋陶罐片及南朝青釉深腹碗、喇叭足豆殘片等大量遺物。該處有一雷祖古廟，廟內有牛、鱷岩雕，稱「會盟碑」。該石一面刻牛圖像，一

圖03 「會盟碑」之牛圖像　　　　圖04 「會盟碑」之鱷圖像

面刻鱷圖像。圖3、4

　　據雷州市文廣新局局長牧野先生主編之《雷州歷史文化大觀》中述：「牛圖騰、鱷圖騰（會盟碑），藏於榜山村雷祖古廟。石質砂結岩，刻於戰國時期，是楚滅越（加注，越國）及牛、鱷部落融合的歷史見證。據史志載，雷州原為駱越族（牛）部落居地，公元前771年楚成王熊惲受命鎮粵，及公元前334年楚威王熊商滅越，這兩次重大歷史事件，成為中原部落南遷的社會背景。大約在這一時期，生活在揚子江的鱷部落南遷雷州。經過一段時期的民族衝突與交流，牛、鱷部落最終和解融合。此碑是兩大部落會盟時的標誌物。」（載〈榜山村幸存戰國時期「會盟碑」？〉　中共湛江市委統戰部官網，引用日期2014-02-24）

　　吳茂信先生在《雷祖古廟記》載：「(會盟碑)牛形鱷象，刻碑勒銘，石狗圖騰，閱歷滄桑，此乃越漢親善，族群團結之見證。」(載《雷祖古廟史料匯編》)所以，會盟碑是宣揚各民族和諧相處、互相尊重之難得史料。

# 榜山雷祖古廟

　　榜山雷祖古廟，位雷州市附城鎮榜山村，始建於漢代，稱石牛廟，唐貞觀十六年（642）改稱雷祖古廟，祀雷州首任刺史陳文玉，歷明弘治、天啟，清順治、嘉慶年間多次重修，廟內仍存碑記可考。現存建築基本為清代所建：建築群坐西北朝東南，依山而築，佔地一萬餘平方米，依次為山門、拜亭、正殿、側殿、後殿、東西廡、鐘鼓樓、碑廊、太祖閣等建築組成，均為硬山頂建築。圖5

圖05 榜山雷祖古廟

　　山門為硬山頂，門聯「霹靂開天南一祖，聲名為海北同尊」。廟門額「雷祖古廟」，門旁木聯「在天為雷統，萬物而化生，皆其鼓動；於人若祖，合群姓以煦育，總是子孫。」主體分正殿及東、西側殿。正殿前設拜亭，正殿面寬進深各三間，殿中供奉陳文玉、左祀漢李太尉（李廣）右祀英山石神。沿着前檐廊可從東側殿直通西側殿，殿前屏風精雕細刻，玲瓏剔透，巧奪天工。

　　廟內文物十分豐富，有戰國時期之牛鱷岩雕、五代時期石人四尊、清乾隆御題匾額、及歷代碑刻30餘幅。歷代顯宦名流，騷人墨客，遊覽之餘，無不留下感人之詩篇。寇準有詩，東坡有賦，丁謂作記，李綱題碑，及清嘉慶年間狀元姚文田書寫之對聯，這些詩賦碑刻歷盡人世滄桑，至今尚珍藏

於廟內。

## 雷祖陳文玉

　　榜山村雷祖古廟內供奉之陳文玉，民間傳云：陳太建年間，古台州城西南五里白院村，有一陳姓村民，以捕獵為生，家中養有一九耳異犬，每出獵，皆卜犬耳，所捕獵物，與犬耳所動相應。一日，九耳齊動，陳氏曰：「今必大獲矣！」便邀其鄰居十餘人，同往州北之烏侖山，山中荊叢密繞。犬自早晨吠至太陽落山，無一獸出。獵人奇之，伐木而視，見獵犬從地里挖出一大卵，陳氏不知為何物，便抱回家中。次早，烏雲密佈，雷電交加。陳氏大恐，便置卵於庭中，忽然，卵為霹靂所開，跳出一男孩，兩掌有文，左曰「雷」，右曰「州」。陳氏將男孩稟明州官，官收卵殼寄庫，男孩交陳氏養育，取名陳文玉。文玉聰穎過人，勤學不輟，長大後，功力絕倫，武藝蓋世，文武兼備，屢受薦舉。文玉卻以雙親年老為辭，拒不當官，曾自謂曰：「『侍君不能侍親』，願問寢視善，以樂父母餘年。」陳氏夫婦享年百十有三，相繼歿於唐貞觀二年。文玉為之守墓三載。

　　據清嘉慶雷學海《雷州府志》載：陳文玉，海康白院村人，南北朝陳代陳宣帝太建二年（570）九月初一日，生於雷州南五里之英靈崗(即榜山村)，長於烏卵村，唐貞觀五年（631）辟茂才，滿朝文武大臣皆稱善。其時，南合州境內居有黎、瑤、壯、泉、侗、苗等少數民族。朝廷以陳文玉性至孝、才華橫溢、武藝超群、為人剛正不阿，為穩定邊疆，遂破例起用，出任合州刺史。陳文玉任職期間，精察吏治，巡訪境內，消民疾苦，懷集峒落，諸酋相繼輸款，政教並行，使人民安居樂業，民皆富庶，風俗大變。在施行德政之餘，文玉深感本州乃天南重地，四海有事，兵家必爭，為使黎庶安寧，便大修城池，公款不足則自捐薪俸，不費民財，

並於唐貞觀八年（634）
上奏，把合州改名雷州。
沿用至今。

圖06　雷祖陳文玉神位

　　貞觀十二年（638）陳
文玉逝世，百姓為他立廟
塑像，尊之為「雷祖」，
稱為「白院公」，貞觀十
六年（642），唐太宗李
世民下令，於雷州城西六
里鋒，為陳文玉立廟，並
特降詔敕，自後歷代例有
敕封。出生地被稱為雷祖誕降地。道教稱「九天雷祖大帝」，
為神霄九宸上帝之一。雷州許多村莊百姓相繼為之立廟，除
榜山雷祖古廟外，規摸宏大者，有白院之雷祖祠、龍頭之鎮
海雷祠、北家之雷祖祠、及東門之天福廟。圖6

　　自唐後，歷朝對雷祖皆累封王爵、褒彰有加。或官或民
重修廟宇，依例祭祀。歷代封號如後：

| 唐貞觀十六年 | （642） | 詔封 | 「雷震王」 |
| 南漢乾化元年 | （911） | 詔封 | 「雷霆護國顯應王」 |
| 後晉天福五年 | （940） | 詔封 | 「靈震王」 |
| 北宋開寶二年 | （969） | 詔封 | 「靈震顯明昭德王」 |
| 北宋開寶三年 | （970） | 詔封 | 「靈明昭德王」 |
| 北宋熙寧九年 | （1076） | 詔封 | 「威德王」 |
| 南宋乾道三年 | （1167） | 詔封 | 「威德昭顯王」 |
| 南宋慶元三年 | （1197） | 詔封 | 「威德昭顯廣佑王」 |
| 南宋淳佑十一年 | （1251） | 詔封 | 「威德昭顯普濟王」 |
| 南宋德佑元年 | （1275） | 詔封 | 「威德英靈昭順廣佑普濟王」 |
| 元泰定二年 | （1325） | 詔封 | 「神威剛應光化昭德王」 |
| 明洪武十八年 | （1385） | 改封 | 「雷司之神」 |
| 清乾隆十九年 | （1754） | 改封 | 「宣威布德之神」 |
| 清乾隆六十年 | （1795） | 改封 | 「康濟宣威布德之神」 |

# 「鑪中藏道義　峰外隱桃源」：
# 陳子石與鑪峰學院

## 游子安
### 珠海學院香港歷史文化研究中心

　　鑪峰學院位於大埔桃源洞，院內所設桃源僊境，於1961年1981年期間，是有名之道教園林勝境。鑪峰學院小玄門牌樓隸書「桃源僊境」，並有篆書聯曰：「鑪中藏道義，峰外隱桃源」。香港蓬瀛仙館、青松觀、萬德至善社諸宮觀道堂，供奉太上道祖、呂祖、王重陽、邱長春祖師，屬全真道「北宗」。而全真道「南宗」創始人張紫陽、張紫陽傳石泰、石泰傳薛道光、再傳陳楠、白玉蟾，五人被奉為「南五祖」。鑪峰學院主殿是「三陽宮」，奉祀李伯陽、呂純陽、張紫陽，三尊聖像用雲石雕成，題壬寅年（1962）建，是香港僅見的三陽祖師的殿宇。三陽宮門外題額「南宗一脈」，門聯「鑪供三聖祖，峰列八神仙」，乃朱陶裘道長撰、吳灞陵題。[1]

　　鑪峰學院基本建設，成於1962年，不到二年，[2]吳灞陵已提及介紹。吳灞陵記述大埔不乏佛道聖跡園林：「只大埔

---

1　詳見陳子石〈鑪峰聖地小遊記〉；及陳子石編《桃源仙境》，1969年。

2　吳灞陵（1905-1976），《華僑日報》主編，創辦旅行隊，撰寫旅行手冊及香港掌故多種。鑪峰學院多種書刊封面，如《呂祖全集》，皆由吳灞陵題字。見筆者〈桃源有洞天——陳子石及其創建的鑪峰學院〉，《旅行家》第18冊，頁15-16。

這一個地區，就有好幾處著名的園林，像半春園、大光園、隱廬、康樂園、鑪峰學院、松園仙館、太和園等等，都是引人入勝的去處。」[3]惜人往風微，鑪峰學院殿宇建築今已成追憶。筆者頗留意陳子石與鑪峰學院歷史資料，多年前編著《道風百年——香港道教與道觀》一書，限於體例，只簡述鑪峰學院。[4]2008年初與黎梓卿道長談起本地道教史，欣悉黎道長是陳子石門人，珍藏鑪峰學院多種書刊，隨即與黎道長進行訪問，[5]並撰寫〈桃源有洞天——陳子石及其創建的鑪峰學院〉一文，刊於《旅行家》第18冊，及後與繼承南宗道脈之台灣老子觀結緣交流，承蒙陳如麟先生提供圖文資料，增補修訂此文。

圖01　陳子石自寫照，1968年

## 一、陳子石啟道壇、創學院

　　陳子石（1900-1981），廣東新會外海鄉人，別號甚夥，包括「鑪峰道人」、「耕月道人」、「鑪峰子」、「嬾儒」等，既是書畫家、中醫，金丹派南宗在港的傳承者，弟子尊稱為「發揚道學真宗陳子石道師」。（圖1）1944年在家鄉曾創建「茶庵詩社」，並擔任社長。陳子石家族一世祖

---

3　吳灞陵〈將軍解甲歸康樂〉，《香港勝景》，撰於1964年11月，香港大學孔安道紀念圖書館整理。

4　游子安主編《道風百年——香港道教與道觀》，蓬瀛仙館道教文化資料庫及利文出版社，2002，頁76。

5　黎梓卿道長訪問，分別於2008年4月23日及2008年6月30日進行。黎梓卿道長（1921-2020），《鑪峰同門測驗錄》（頁22）載，庚子年（1960）跟隨陳子石，道號定梓，曾任九龍道德會龍慶堂永遠董事，筆者探訪，其家中奉祀三陽祖師像。

陳萃隱為元朝惠州路總管，族祖陳白沙為明大儒，[6]乃陳少白之堂姪，家中排行第二，有兄姊弟妹共五位。其道學出於陳攖公，（陳子石尊稱「家族伯師陳攖公為現代南宗嫡傳」），又得其師祖江西周希濂道宗秘授之篇，傳授雙修丹法；可謂家學淵源，並切問伯師道學口訣12年，並傳有四川唐道宗祖入室弟子《周易口義》親筆手抄本。書畫科自高劍父，習醫則師從陳伯壇。[7]1953年門人謝定深嘗撰傳記述：

> 子石先生陳氏，廣東新會人，少習醫，慕道存藝。其族祖白沙先生，嘗習靜功，養出端倪，名冠南粵。先生之學，得其家伯攖公授於雙修丹法，可謂家學淵源者也。先生隱於鑪峰，活人以方，活世以德。近著道書八種行世。而南北從遊門下者日眾，獲其回生者亦指不勝屈。……[8]

陳子石於1949年來港，「隱於鑪峰，活人以方，活世以德」，「鑪峰」是香港別稱。陳氏初寓中環租庇利街應診，著有《婦兒的救星》、《藥物新治療》等書。[9]及後著丹書，啟道壇。1955年陳子石在《道德經解略》序說：

> 石也少慕道，吾伯師百歲老人陳攖公之傳，
> 歷湖海間廿餘秋，以訪護道之侶，迄今抱道遯隱

---

6　陳子石〈祝族祖陳白沙公誕辰聯言〉，《陳子石書畫展覽會》，約刊於1966年。每年農曆十月廿一陳白沙誕，僑港新會商會舉辦賀誕活動。

7　陳伯壇，新會人，敢於用藥，有「陳大劑」之稱，被譽為廣州「四大金剛」而聞名。有關陳伯壇，詳參謝永光《香港中醫藥史話》，香港：三聯，1998，頁298-301。

8　1953年謝定深撰《陳子石先生小傳》，單張形式，筆者收藏。亦見《陳子石道師小傳》，載於《鑪峰精神修養學院新年特刊》，1958，頁15。

9　《子石山水集》目錄頁廣告，書前有竺摩法師1950年撰序，香港中文大學圖書館藏。

鑪峰幾將十稔，遂著丹書百餘種以面世，開壇啟
道，亦應吾門之所樂也。是以交處問道者，千萬
人非不多；其相與從遊門下者，亦且不少。或以
炁求、或以類取，故特剖盡玄髓，又為老祖解玄
略牝，是已此書孕育一十有八年之久，至今歲小
陽春告成。[10]

　　《華僑日報》編印的《香港年鑑》，1960年代香港人物
簡介陳子石傳略提到其丹法承傳：「道號鑪峰子，廣東新會
人，研醫耽藝，其道學由宋代天台南宗張紫陽祖師所傳金丹
大道性命雙修，傳至江西周希濂道宗祖師，周祖傳至陳爕公
道師，陳道師傳至陳氏。陳氏隱居於香港，提倡中國道學哲
理，闢鑪峰學院……」，1960年代初選址大埔桃源洞村，建
鑪峰精神脩養學院，「以備深造生命學者實踐」[11]。

## 二、「南宗一脈」鑪峰學院的締創

　　鑪峰學院位於大埔桃源洞，被譽為「別有道家風趣」
之勝境：「距大埔三四里，有小村曰桃源洞，桃源洞內有桃
花潭，……潭上有小山，鑪峰學院陳子石道長等早年設壇其
巔，以供修煉，丹臺藥竈，別有道家風趣。」[12]院前埔心湖
與八仙嶺，遠接大帽山，外應八仙嶺，而「八仙朝拱」被稱
為鑪峰脩院八景之一。鑪峰學院選址稱「桃源洞天」，形似
「倒地葫蘆格」，現摘錄其中詩聯以茲說明。陳子石有詩稱
曰「葫蘆有地闢瑤壇」：

10　陳子石注解《道德經解略》序頁2下，香港：鑪峰居士林，1955，
　　香港中文大學圖書館藏。
11　《香港年鑑》第18回，第十篇「人名辭典」，香港：華僑日
　　報，1965，頁53。
12　蘇希軾〈桃源行〉序，風社詩畫集編輯委員會編《風社詩畫集》
　　卷二，香港：風社，1969，頁9。

　　桃源仙境名聞久，今值春遊道意歡。大帽爭
流千澗落，八仙對住一湖寬。

　　敢隨道祖宏玄旨，頓覺羲皇煉大丹。底事天
留玄一脈，葫蘆有地闢瑤壇。[13]

朱陶裘撰聯：

　　八仙嶺九曲河舫遊遠近誰云大埔無靈地
　　三聖堂萬世師道冠古今敢謂桃源有洞天

陳子石為鑪峰學院撰聯云：

　　一洞別有奇觀，小船灣初潮浴日，圓洲島
半江漁火，八仙嶺傍晚飛霞，大帽山聳翠凌霄，
點點圖寫，天然，飄然，超然，浩然，縱目盡幽
情，雅士勝遊尋古蹟。

　　諸聖相承派衍，軒轅帝鼎湖禦龍，伯陽祖
函谷騎牛，洞賓子青城鑄劍，平叔翁天臺授鉢，
代代志求，創也，立也，興也，成也，緬懷垂德
澤，吾曹景仰復玄風。

　　案：張伯端，字平叔，號紫陽，後世號紫陽真人，浙江
天臺人。鑪峰道脈源自張紫陽南宗一脈：[14]「鑪峰學院者，
系本天臺，派分南粵。玄風有旨，古今仙秘之新編；道就宏

---

13 〈春遊桃源洞村鑪峰學院同人詩章〉（上），載於《鑪峰修養刊》
　　第二十輯，1962，頁15。形似「倒地葫蘆」之桃源洞天，陳子石〈
　　題桃源鑪峰院圖〉云：「生命哲理吾嫻老。道德聖經知多少。桃源
　　今我洞闢新。高臥雲心誰分曉。大埔譽日桃花紅。閒人清遊興玄
　　風。驛站通達山壚前。泮涌白棧入院中。一望葫蘆倒地眠。矗矗蘆
　　蓬立山巔。築成函谷可潛脩。攬却群鎮雲與烟。九曲流沙石成隊。
　　浮觴千杯也陶醉。八仙排列作間儔。日月潭照紫靈珮。……」
14 〈創刊辭〉，《鑪峰精神修養學院新年特刊》，1958，頁3。

揚，遠近人緣之廣結。……」鑪峰同人供奉南宗祖師，並尊
稱三陽祖師為：「發揚道學真宗立德者李伯陽、發揚道學真
宗立功者呂純陽、發揚道學真宗立言者張紫陽」。立德、立
功、立言三事可讓人懷念和敬仰，《左傳》有云：「太上有
立德，其次有立功，其次有立言，雖久不廢，此之謂不朽。
」張紫陽撰《悟真篇》是內丹學名著，又撰有《金丹四百
字》等書，開南宗一脈，可謂「立言者」。

　　1950年陳子石將印書之所初名「更生草堂」，1952年
更名「鑪峰居士林」[15]，通訊處為中環閣麟街三十五號地下
（共和藥行），及後
院址為雲咸街十二號
三樓。1956年設壇供
奉道祖、呂祖、張紫
陽。[16]1960年註冊定名
為鑪峰學院，翌年購置
桃源洞村地段數萬尺籌
建鑪峰精神脩養學院（
簡稱「脩院」）。鑪峰
學院講壇設於九龍彌敦
道495號，（圖2）修養
院設於桃源洞村桃源僊

圖02　鑪峰學院講壇舊貌，設於九龍
　　　彌敦道。

境。陳氏在籌建脩院簡章〈敍言〉抒發其救世興道之懷：

　　　桃源洞天者，乃香港新界之名勝，大埔之
　　仙境，天心水聚，萬山拱朝，遠接大帽之山，
　　外應八仙之嶺，不愧人間蓬島，至者之所逍遙，
　　世外桃源，非凡之所寄傲，豈華蓋天成，以留識

---

15　如《呂祖口訣》，題鑪峰居士林出版，1953，筆者藏。
16　陳子石〈本院過去與未來〉，《鑪峰精神修養學院新年特刊》
　　，1958，頁6。

> 者，玄基新築，利濟脩真耶。……今求盟締知音之士，力為籌建脩養之場。廣前聖之韜匿，畢露幽微。培後達於相承，方言崖畧。子石嗣南宗以茲，苦爾無儔，創鑪峰已久，蕭然獨遠，攬月待鑪，著經百種，眠雲對鼎，闡秘雙脩，此亦無非救世興道之懷矣。……[17]

據其《簡章》，脩養院宗旨有二項：(甲)本吾國道學真宗，性命雙脩，（即人類圖強人種之生命學）培養仙才．廣傳道脈，與天同春為宗旨。(乙)凡同道在一生無破犯道律之行為者，或有脩到入室之階段，而無力進脩時，本院可盡全力為他護道，培成仙才。[18]

陳子石宗師曾許十大願：

1. 發揚道學真理叢書　2. 發揚道學各宗合一
3. 發揚道學古今言論　4. 發揚道學喻譬淺釋
5. 發揚道學英文譯本　6. 發揚道學創辦學校
7. 發揚道學創辦刊物　8. 發揚道學創辦醫院
9. 發揚道學創辦善院　10. 發揚道學創辦脩院（圖3）

陳子石籌印精神修養學，認為精神修養學，古稱之曰道學仙學，今稱之曰生命學、靈魂學，將其籌印之所顏曰「更生草堂」。1970年申請籌劃擴建善

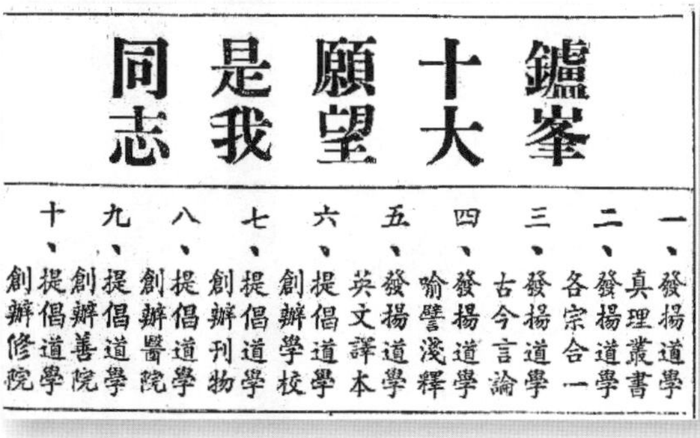
鑪峯十大願望是我同志

一、發揚道學真理叢書
二、發揚道學各宗合一
三、發揚道學古今言論
四、發揚道學喻譬淺釋
五、發揚道學英文譯本
六、提倡道學創辦學校
七、提倡道學創辦刊物
八、提倡道學創辦醫院
九、提倡道學創辦善院
十、提倡道學創辦修院

圖03　陳子石宗師曾許十大願

17 陳子石編《鑪峰學院籌建精神脩養院簡章》<敍言>，刊於《柳華陽祖師紀念輯精神脩養刊》第十八輯，1961，頁19。

18 見陳子石編《鑪峰學院籌建精神脩養院簡章》，刊於《柳華陽祖師紀念輯精神脩養刊》第十八輯，1961，頁19。

堂，惜未被核準。陳子石編印不定期刊物《鑪峰修養刊》，1958至1963年已出版第一至二十一輯。

入鑪峰學院小玄門，牌樓隸書「桃源僊境」並有篆書聯曰：「鑪中藏道義，峰外隱桃源」（圖4）；大玄門，牌樓正面題額「鑪峰」二字為于右任題，「聖地」是郭定洪題於1965年，「南宗一脈」牌坊，再往前是三陽宮，奉祀李伯陽、呂純陽、張紫陽。（圖5）關於三陽宮，郭志標在《雄鷹旅行隊十週年隊慶紀念特刊》〈桃源仙境〉一文記述如下：

圖04　鑪峰學院牌樓隸書「桃源僊境」，篆書聯曰：「鑪中藏道義，峰外隱桃源」，照片由陳如麟先生提供。

……全園最後層是為三陽宮，宮規不大，四周為綠樹圍繞。宮

圖05　鑪峰學院主殿三陽宮，奉祀李伯陽、呂純陽、張紫陽。

前門楣刻嵌「南宗一脈」與「至虛守靜」兩語，
旁聯：「派衍天臺缽傳南宗一脈」、「學弘函谷
院開孤島潛脩」。「峰列八神仙」五字則為南海
吳灝陵書。宮內供奉者為哲學大聖李伯陽始祖、
呂純陽祖師、張紫陽祖師三位。神壇前一片潔
淨、器具雅緻、宣爐檀香，氤氳繚繞。三陽宮側
鄰為「蓬萊」與「閬苑」，同是安放長生祿位的
建築物。另更於園角一隅，出現一艘用水泥塑成
之「仙舫」，全舫長約二丈，寬約六尺，均有道
聯默輟其間，加以沉流於水，使「船」像倍覺生
動。……

　　院內還點綴以小橋流水，殿宇樓臺俱備，華池、仙舫、
莊子臺、玄鐙塔、閬苑宮、蓬萊宮，別有天地，甚有桃源僊
境之妙。學院基本建設，成於壬寅年（1962），從奠基石可
見：「玄基永古
大道同天」。鑪
峰學院建成桃源
僊境，此道教園
林勝境，成了市
民郊遊好去處。
（圖6）陳子石
不但精於醫術，
對詩詞、書法、
繪畫、金石篆刻
亦造詣頗深。院
內豎立著《呂祖

圖06　鑪峰學院建成，成了市民郊遊好去
處。院內仙舫，1966年，趙惠鐘先生
攝影，朱森先生提供。

百字碑》和《老子道德經碑》，吳灝陵稱為「桃源僊境兩名
碑」：《老子道德經碑》由陳子石寫隸，直接寫於石面，半
載始成；《呂祖百字碑》之石材，乃「闢洞時所得，每石一

宇，為陳氏手寫石鼓文體，且亦親為鐫刻，累百石成一一碑，殊屬不易。」[19](圖7)

圖07　鑪峰學院內《呂祖百字碑》和《老子道德經碑》舊貌，陳如麟先生提供。

鑪峰道侶不僅重視精神修養，還籌建義學、惠及老貧，如派米予區內二百餘老人；又施贈衣被救濟災民。[20]1959年響應華僑日報舉辦的籌賑難童書畫義展會，為倡濟貧童義展撰序。[21]1950年代以來陳子石贈衣送糧諸善業，吳膺炎撰〈陳子石道師傳略〉記之甚詳：

　　……子石師看及此。告知大家。愛好修道之同仁。力求內修三千功。仍應外行三千善。內外兼修道始易成。從此時起凡六十歲以上老人孤兒殘廢需依靠者發卡按期到指定之米店領白米及鹹料代金獎學金。中途身故者發放福利金辦後事。從此時起鑪峰學院漸漸養有二百餘人之多。每年逢天凍地寒。備衛身衣棉被。鑪峰同仁及友好於深夜分批出發。見霞宿無衣者贈與衛身棉衣。無被者贈與棉被。親手將一點溫情送交寒士大眾手上。確解其困。以行最善之樂。默默繼續做了幾

19　吳灞陵《鰲洋客筆記》〈桃源僊境兩名碑〉，《華僑日報》〈旅行週刊〉第508期，1968年11月27日，第七張第3頁。

20　見《華僑日報》1963年1月14日報導。

21　《薛道光祖師紀念刊》，《鑪峰精神修養學院》第六輯封底，陳子石編，1959。

十年。行其真善。宏其大德。……22

## 三、陳子石與鑪峰學院編印的書刊

陳子石編著書刊百餘種，1974年印行的《香港年鑑》概述：

> 金丹講義四十八種、功法十二種、入室四
> 種、玄秘、丹髓、生命學講義四十八種、玄典直
> 解集、功法闡秘集、道書金試石續批。詩詞駢文
> 白話等集畫集，共有百餘種之多。近著遊台百詠
> 播道集二十四卷，及書畫金石之作甚多。23

陳子石又著有《呂祖口訣》、《金丹四百字合解》、《金丹講義》、《悟真篇十家註》、《呂祖全集》等書。一九五〇年代書刊，由「更生草堂」印發，如《子石山水集》。「更生草堂」再更名「鑪峰居士林」，1956年始設壇奉道祖、呂祖、張祖像，其過程如下：

> 己丑（1949--引者，下同）自蒞香港後，為抱
> 著度世度人之志，將過去所著得稿本以事潤色，
> 開始籌印精神修養學之書，故顏其籌印之所曰更
> 生草堂。竟至庚寅（1950）開始排印道書八種
> 之一《延命鏡集》。自敬送之後，四方好研究生
> 命學之讀者始知吾國真有性命雙修真宗之奇聞，
> 確實與打坐扶乩持咒運氣之術不同，當時來問道

---

22 〈陳子石道師傳略〉，吳膺炎述於台北老子觀，2004，收錄於《金丹四百字合解》，台灣老子觀出版，2021。

23 《香港年鑑》第27回，第十篇「人名辭典」，香港：華僑日報，1974，頁55。

者亦是寥寥無幾。至辛卯歲（1951）博得讀者歡
迎這種學說，竟有解囊樂助，是以又影印道書八
種之二《長生集》分送。至壬辰歲（1952）欲
將此學廣傳，是以稟命道祖暨吾伯師經幾番然後
獲準著書課徒。初次參加研究者有位蔡定求，由
此開始告天地而開示課其道遂將定字為道派，又
將更生草堂之名更曰爐峰居士林。……至丙申歲
（1956）設壇奉道祖、呂祖、張祖真像，無非為
崇道門之紀念。[24]

可見鑪峰學院印送書刊，使人重新認識精神修養學：
「四方好研究生命學之讀者始知吾國真有性命雙修真宗之奇
聞」，並得「讀者歡迎這種學說」而樂助印書。另著有《嬾
道吟》、《鑪峰楹聯集》、《道德經解略》等書多種。陳子
石也著有單張形式的《道學研究簡法》。

鑪峰學院像雪泥鴻爪，只能在相關書刊追尋其痕跡。鑪
峰學院曾於一九七〇至一九八〇年代成為香港道教聯合會團
體會員，從《道心》內「本會團體會員芳名」第二期（1979
年，頁24）至第八期（1985年，頁14）皆有鑪峰學院見載。
鑪峰學院曾籌劃擴建殿宇、義學、養老院，可惜1980年代隨
著政府興建住宅區，此勝景已湮沒。陳子石於辛酉年正月初
七（1981年2月11日）仙逝於香港，[25]後人移居外國，大埔
鑪峰學院因政府收地，對聯及「莊子臺」、《呂祖百字碑》
等，移至坪輋雲泉仙館保存。雲泉仙館藏經閣，保存《指玄
篇直指》（呂祖撰、陳子石圖註，1953年）、《張三丰無根
樹》（1954年）、《人類生命學的研究》（1958年）、《黃
庭經註》（1958年）、《呂祖真經》（1958年）、《悟真

---

24 陳子石〈本院過去與未來〉，《鑪峰精神修養學院新年特
　　刊》，1958，頁6。
25 陳子石道長訃聞，刊於《華僑日報》1981年2月13日。

篇十家註》（1958年）等書，已屬難得。[26]鑪峰學院出版書刊，以香港大學圖書館收藏最豐，有二十種。由最早期的更生草堂、及後鑪峰居士林、鑪峰學院、鑪峰精神修養學院不同時代編印的書刊，包括：《子石山水集》（1950年）、《一孔竅》（1954年）、《金丹講義》（1954年）、《呂祖真經》（1958年）、《人類生命學授課的實事》（1959年）、《人類生命學的研究》（1959-1960年）、《鑪峰楹聯集》（1960年）等等。其中陳氏校註之《張三丰祖師無根樹》，及《紫陽眞人悟眞篇》二書，台北世界紅卍字會臺灣省分會於1986年合刊重印。陳子石著書之夥與推廣道學之心力，可見一斑。

## 四、遊台傳道並設立台灣老子觀

「陳子石道師暨門人」列門人八十名，鑪峰門人皆以「定」字為道號，如鑪峰學院編印的書刊，題蔡定求、謝定深、黃定波同參訂。[27]鑪峰弟子遍佈香港、臺灣、美、澳、星、馬、越、菲律賓各地，1961年菲律賓馬尼拉市成立鑪峰分院，《鑪峰修養刊》第十一輯封面「張三丰祖師紀念刊」，由「道裔洪定欽敬題於菲律濱」。（圖8）1968年菲律賓同道邀請，前往宣道

圖08　《鑪峰修養刊》第十一輯「張三丰祖師紀念刊」，由「道裔洪定欽敬題於菲律濱」。

---

26　陳子石注解《道德經解略》，香港：鑪峰居士林，1955，頁1。

27　陳子石注解《道德經解略》，香港：鑪峰居士林，1955，頁1。

及開畫展。《鑪峰同門測驗錄》一書，更記載鑪峰學院經「測驗」之門人經歷，如蔡定求，壬辰（1952）冬至參加（蔡定求是陳氏第一位弟子，見本文附錄〈陳子石宗師生平年表〉）。其中梁萬春、陳一鳴、黃道益與黎梓卿幾位，亦是九龍道德會龍慶堂道侶，也有抱道堂、萬德至善社等壇堂道侶。[28]1956年出版《嬾道吟》收錄〈雲泉仙館席上與張天師談玄〉、〈圓玄學院開幕祝之以歌〉等篇，可見陳子石與雲泉仙館等壇堂和高道交往。（圖9）

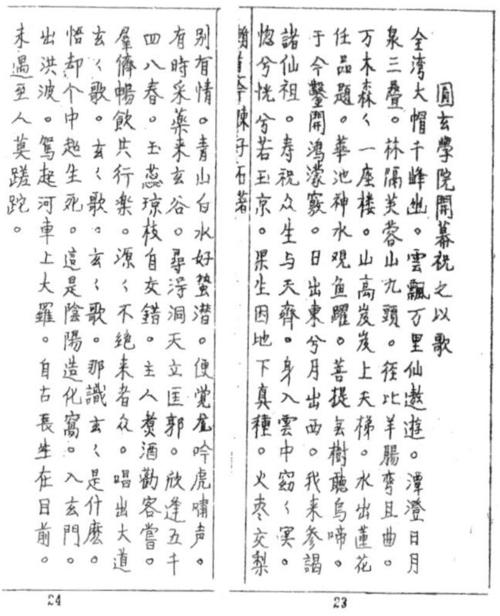
圓玄學院開幕祝之以歌
嬾道人陳子石著
全湾大帽千峰出。雲飄万里仙遨遊。潭澄日月
泉三疊。林隔芙蓉山九頭。徑比羊腸彎且曲。
万木森森一座楼。山高岌岌上天梯。水出蓮花
任品題。華池神水觀魚躍。菩提玄樹聽鳥啼。
于今鑿開鴻濛竅。日出東兮月出西。我來參謁
諸仙祖。壽祝众生与天齊。身入雲中窈窈冥。
惚兮恍兮若玉京。果生因地下真種。火棗交梨
23
別有情。青山白水好蟄潛。便覺龍吟虎嘯声。
有時采藥來玄谷。尋浮洞天立匡郭。欣逢五千
四八春。玉蕊瓊枝自交錯。主人煮酒勸客嘗。
羣儕暢飲共行樂。源源不絕來者众。唱出大道
玄玄歌。玄玄歌。玄玄歌。那識玄玄是什麼。
悟却个中趣生死。這是陰陽造化竅。入玄門。
出洪波。駕起河車上大羅。自古長生在目前。
未遇至人莫蹉跎。
24

圖09 陳子石撰〈圓玄學院開幕祝之以歌〉，收錄於《嬾道吟》。

大埔鑪峰學院因1980年代政府收地而湮沒，目前只剩下台灣老子觀繼承陳子石宗師此南宗道脈。陳子石在台學員建議先立道祖碑，然後建分院。鑪峰同人於1961年在台北木柵區釣鰲坑建立《李伯陽始祖碑》，為于右任手筆，距仙公廟（指南宮）不遠，陳子石嘗撰〈木柵晉謁道祖碑〉以記其事。[29]（圖10）1968年3月陳氏首次赴台，於台北中山堂開書畫展。吳膺炎撰〈陳子石道師傳略〉：「畫展後二年在台北籌設老子觀。於道曆四千六百六十九年六月廿九日子時(即民國五十九年七月卅一日)由子石師躬身開觀進火。就此台灣有志研究真宗道學者聞問始有方所。」1970年，陳子石於台北市羅斯福路三段316

28 鑪峰學院建築脩養院辦事芳名，刊於《柳華陽祖師紀念輯精神脩養刊》第十八輯，1961，頁21。

29 陳子石〈木柵晉謁道祖碑〉，刊於《華僑日報》〈旅行週刊〉第506期，1968年10月26日，第六張第3頁。

圖10　陳子石嘗撰 木柵晉謁道祖碑 ，刊於《華僑日報》 旅行週刊
　　　第506期，1968年10月26日，第六張第3頁。

圖11　2016年12月
　　　台、港兩地陳
　　　子石門人（圖
　　　左二為吳膺
　　　炎、右二為黎
　　　梓卿），在鑪
　　　峰舊物《呂祖
　　　百字碑》前留
　　　影。

巷8弄3-4號設立台灣老子觀，發揚南宗道學，延續道脈。（
詳見附錄〈陳子石宗師生平年表〉）若從1950年陳子石來
港設立「更生草堂」發揚南宗道脈計起，二十年後台灣分院
告成。鑪峰學院出版書刊，多年來難尋，近年陳如麟先生
主編「南宗陳子石宗師叢書」，包括《悟真篇口義》、《金
丹四百字合解》、《生命學講義》等，由台灣老子觀重印出

版。2016年12月，陳如麟與筆者聯繫安排，台、港兩地陳子石弟子，多年後在港碰面，並參訪雲泉仙館，在仙館保留之鑪峰《呂祖百字碑》留影。（圖11）大埔鑪峰學院、台北木柵區《李伯陽始祖碑》雖然先後湮沒，誠如鑪峰同道所言，未來志業，期待有緣人。

## 五、小　結

1940年代以來，一些高道大德如何啟忠、謝顯通、侯寶垣、曾誠熾、曾漢南等自粵移鶴香江弘法，陳子石於1949年來港。道堂宮觀在港、澳紛紛成立，包括雲鶴山房、圓玄學院、青松觀、萬德至善社等。當是時也，全真、正一、純陽派、先天道等等各派道堂，各行其道，各綻異彩，香港道教出現新的局面。之後的發展亦各有因緣與軌迹，比如青松觀、圓玄學院成為規模化與專業化的宗教慈善團體；也有像先天道，曾設先天道總堂於香港，及後作為中樞堂號的萬全堂遷往泰京。而鑪峰學院自陳子石羽化後，在香港道教著述幾被人遺忘。然而，從鑪峰留下豐碩的道學書刊，可想見當年道風之盛，在此為鑪峰學院之歷史蘸上一筆。

## 後　記

本文得以撰成，銘感鑪峰門人黎梓卿道長大力協助，及台灣老子觀陳如麟先生提供寶貴資料，謹致謝忱。本文初刊題為〈桃源有洞天──陳子石及其創建的鑪峰學院〉，刊於《旅行家》第18冊，香港：香山學社，2008，現增補圖文資料修訂。黎梓卿道長於2020年羽化，謹以此文緬懷黎長老之教澤。

## 附錄〈陳子石宗師生平年表〉

　　案：此年表由台灣老子觀陳如麟先生提供，限於篇幅，筆者作了刪節，並主要摘錄陳子石1949年來港後事蹟及其著述。

1900年　(光緒26年)　6月23日陳子石出生於廣東省新會縣外海鄉。(今屬江門市郊外海鎮)。陳子石與馬煥仙小姐結婚，育有五位子女 (妙元 · 念正 · 念方 · 念生 · 妙珠，定居在美國、英國等地)。

1941年　與張大千於四川舉辦書畫聯展

1944年　於廣東江門成立「茶庵詩社」，任詩社社長。

1949年　己丑攜全家及道學遺產到香港，寄寓於租庇利街五號二樓開診，著有《婦兒的救星》、《藥物新治療》醫書。

1950年　庚寅於閣麟街35號開設「陳子石」中醫於「共和藥行」，行醫救世，並設立「更生草堂」發揚南宗道學遺脈。《子石山水集 I II》、《延命鏡》

1951年　辛卯《長生集》

1952年　壬辰開始授第一位弟子蔡定求先生。並更名為「鑪峰居士林」發行道刊。

1953年　癸巳《性命篇》、《呂祖口訣》

1954年　甲午《無上玉皇心印妙經註》、《呂祖指玄篇直指》、《呂祖百字碑註》、《悟真篇口義》(簡明本)、《一孔竅》、《初三月》、《神仙奇蹟》、《無根樹》、《金丹講義48種》、《金丹修煉法》、《玄門問答》

1955年　乙未《道德經解略》、《龍虎交媾集》、《功法十二種》、《丹種化生》、《寶葫蘆》

1956年　丙申《嬾道吟》、《入室四種》

1957年　丁酉《悟真篇口義》（詳註本）、《紀念南宗五祖駢言》、《金丹玄秘集》

1958年　戊戌元月發行〈鑪峰精神脩養刊〉第一輯、《周易真悟》、《周易參同契》、《呂祖真經》

1959年　己亥遷新址：雲咸街十二號三樓。鑪峰新講堂成立，每月有講座。《黃庭經註》、《金丹四百字合解》、《人類生命學實事授課》、《栽接生命的詩》、《栽接生命的詞》、《人類生命學研究》

1960年　庚子香港註冊定名為〈鑪峰學院〉。《南宗一世祖訣中訣》、《同門功法談》、《鑪峰楹聯集》

1961年　辛丑購置香港大埔桃源洞村地段數萬尺，籌建「鑪峰精神修養學院」；台灣台北木柵設立〈李伯陽始祖碑〉；菲律賓馬尼拉市成立鑪峰分院。

　　　　《悟真篇十家註》、《讀五柳仙宗訣中訣》

1962年　壬寅鑪峰學院大埔桃源洞動工興建，「桃源仙境」石碑〈老子道德經〉，手書隸書，字大二寸，神工鬼斧，共六塊完成。《悟真篇四註》

1963年　癸卯《生命學講義》

1964年　甲辰《玄典直解49章》、《鑪峰同門測驗錄》

1965年　乙巳12月，近日天寒地凍，霜雨紛飛，露宿貧胞，慘遭凍死，聞者見者，莫不動心；鑪峰學院有見及此，救寒分贈毛衫棉被白米。《功法闡秘》

1966年　丙午6月鑪峰學院廣施善舉，施贈四期養老糧食。

1968年　戊申3月首次來台灣，攜百餘幅畫作，乘船由基隆港來，並於台北中山堂開書畫展；與全台弟子見面，遊覽台灣風光。並撰寫《遊台百詠》，發表於香港《華僑日報》。

　　　　菲律賓同道邀請，前往宣道及開畫展。

　　　　《孔易真悟》、《訪道真語》

1969年　己酉1月鑪峰學院，同人熱心，派34期老人孤兒糧食。並派42期救助糧食及助金。《呂祖全集》

1970年　庚戌6月26日到台北；6月29日於台北市羅斯福路三段316巷8弄3-4號設立台灣老子觀，發揚南宗道學，延續道脈。

　　　　12月，分派59期老人糧食及助金。

1972年　壬子10月15日來台北；10月21-23日於忠孝東路中美文化學會藝林堂舉行寫生「臺灣風光展覽」。《播道集》

1973年　癸丑《陰符經註》、《道書試金石頂批》、《樂育堂語錄訣中訣》、《子石道課》、《神仙小説》、《老子觀丹髓九種》

1974年　甲寅元月春赴台隱居，道號「耕月道人」；六月隱居高雄，自稱高崖玄隱。《子石道課真義》、《子石詩草》

1975年　乙卯《悟真真悟集》

1976年　丙辰《耕月樓詩草集》、《耕月樓詩集》

1981年　辛酉2月11日仙逝於香港，享年82歲，安葬於美國加州玫瑰崗紀念公園（Rose Hills）

# 淺述北角崇珠閣的壇務發展
## ──從北角繼園之歷史說起

樊智偉

香港道教文化學會副會長

　　「北角」這名稱最早見於1845年由英國工程兵哥連臣中尉（Collinson）所測量的地圖上，原指港島北岸最突出的岬角。[1]早年因為「七姊妹村」的關係而這一區多稱作「七姊妹」。上世紀二十年代初，福建商人郭春秧購買香港北角新填海地，投得北角發電廠（即今天的城市花園）旁一幅土地，而這一帶也成為閩南人早期聚居點之一。三十年代繼園建成後，也帶動七姊妹一帶的發展，當中有一座屹立至今的道堂──崇珠閣，見證著北角區接近七十年的歷史。本文將會從繼園歷史說起，再詳述崇珠閣在香港的壇務發展。

## 1.陳維周與北角繼園發展

　　1936年「兩廣事變」後，廣東軍閥「南天王」陳濟棠(1890-1954)出走香港，而他的五兄陳維周(1886-1966)亦因被免職，舉家定居香港。陳維周本身是一名秀才，來港前曾任國民政府兩廣鹽運使及廣東禁煙局局長。[2]兩兄弟來港後，陳

---

1　見陳滌樺編：《北角‧香港：口述歷史》，香港：長春社文化古蹟源源中心，2019年，頁21。

2　據1937年2月20日《香港工商日報》載：「前兩廣鹽運使、廣東禁煙局長陳維周，自西南局面瓦解後，陳即隨乃弟濟棠，在港作寓公……陳維周又先離歐返國，業於一月廿日間，返抵國門，即在香港居住，摒絕交際，深居簡出，故外間知者甚鮮。」

濟棠仍然心繫國事，每次都是短暫停留香港看顧患病妻子，旋即又返回國內，1950年更在台灣長居；而陳維周則是定居香港至終老。[3]

陳維周像

陳維周在香港先居於跑馬地鳳輝台12號(11號是陳濟棠居所)，其後遷往麥當奴道13號A和利園居住。為安頓家人及一眾同鄉，他在北角購置地皮，當時整個北角七姊妹道附近山邊的地方皆為陳家物業，聚居的親友曾多達數百人，甚至陳氏祠堂原本亦在繼園山，後來繼園山的地皮相繼出售，才將陳家祖墳移到元朗洪水橋大道村。[4] 陳維周的私人大宅稱「繼園」(後來才有「繼園山」之稱呼[5])，依照中國傳統

繼園山上鳥瞰圖 (網上相片)

3　陳濟棠在香港最長的日子是1937年11月至1939年9月期間，在香港照料妻子莫秀英。見陳濟棠：《南天王陳濟棠自傳》。台北：新銳文創，2019年。

4　參考《東周刊》2010年3月9日「北角地王爭奪戰·彤叔10年夢未圓」。https://eastweek.my-magazine.me/main/5788

5　繼園山，即現時北角健威花園後面的大斜坡，由繼園街、繼園上里及繼園下里三條街組成。

紅牆綠瓦三進庭院大宅建築，並於1938年落成，[6]園內設有山水亭台，佈局雅致。[7]全盛時期，陳家逾百口居於大宅內。[8]另外，陳維周在四十年代亦有投巨資在銅鑼灣興建大廈，包括勝斯酒店及樂聲戲院，佔地二萬多尺，在香港擁有不少物業。[9]

五十年代，陳氏家族陸續售出繼園部份地段。1955年，港府為配合新

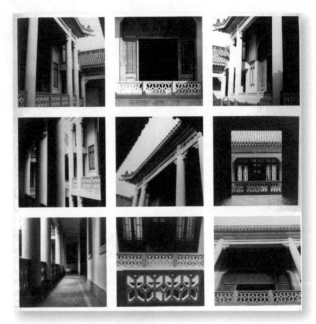

繼園內的建築格局 (網上相片)

城市拓展計劃促進，開始在北角繼園台大興土木，包括闢建一中型水塘，解決北角用水供應。1956年，有私人發展商在繼園台東畔荒崗再爆石掘土，興建五層麗苑洋樓，該區亦成為北角的高尚住宅區。1957年，有報章報道：「北角電照街對上之繼園台山腰間，現已大興土木，在過去半年內，增建

---

6　1938年12月13日《工商晚報》提到「兩廣鹽運使陳維周，昨日下午五時，假座其新建落成之「繼園」，歡宴港中社會名流。」

7　參見1938年8月28日《香港工商日報》的「陳維周先生的七姊妹大廈」。

8　1949年9月20日《大公報》報道：「前兩廣鹽運使陳維周，在港建有四十餘萬方尺之繼園一座，位於北角英皇道內地段第5044號。」可見「繼園」佔地之廣。

9　見1948年7月26日《華僑日報》的「陳維周投巨資．銅灣建大廈，包括勝斯酒店及戲院，全部約明年二月落成。」

有別墅式樓房不少。」[10]到1981年，繼園山終被削低平整，重建成十二座的「百福花園」。[11]

　　陳氏家族在香港的影響力甚大，其中關鍵的角色是陳維周的二子陳樹渠(1914-1973)接收了父親的地產、戲院和學校的生意，又先後創辦香江書院、香江中英文中學、九龍仁伯英文書院、(香港)仁伯英文中學、北角街坊會陳維周夫人紀念學校、陳維周紀念中學及港九街坊會第一小學等，亦擔任院長、校監要職。陳樹渠又歷任港九各區街坊會研究會主席、北角街坊會會長等。同時，陳樹渠於五十年代是「北角街坊福利會會長」，六十年代年亦擔任「北角繼園街業主住客聯誼會首屆會員大會主席」，在北角有很大影響力，現時北角渣華道尚保留著「北角街坊會陳樹渠大會堂」。

　　雖然陳氏家族在北角繼園的建築物今日已相繼遭清拆，繼園里亦改建為「柏蔚山」屋苑，惟陳維周及一眾紳商名人等發起資助興建的道堂「崇珠閣」至今仍屹立在北角繼園山上，而崇珠閣與陳濟棠、陳維周，以及一起來港之官員藍榮輝等人物更有密切關係。崇珠閣本來是繼園的附屬壇堂，繼園街56-74號的樓宇則是藍榮輝興建的物業；而繼園山上的輝濃台則是藍榮輝與李培濃興建，各取名字中的「輝」、「濃」而得名。不過，繼園街56-74號的樓宇已於2021年陸續清拆，崇珠閣與輝濃台是現時繼園街僅存與藍榮輝有歷史關連的建築物。

## 2.崇珠閣創建緣起

　　崇珠閣，曾是香港道教聯合會的成員之一。根據1980

---

10　見1957年11月19日《工商日報》的「投資者重視下，中區地價再上漲，繼園台半山區年來大批樓房落成。」

11　參考黃棣才：《圖說香港歷史建築1920-1945》。香港：中華書局，頁224。

年代香港道教聯合會出版的《道心》記載，崇珠閣起源於廣州梅花村廿一號「梅花精舍」。1933年，曾任北洋艦隊的李勁堂(法號若虛)由青島來到廣東，為陳濟棠夫人莫秀英治好腰疾，其後於廣州設壇。李若虛早年在羅浮山白鶴觀入道，於1914年皈依多傑覺拔上師，並往西藏潛修密法，1917年返回北平，後遷青島潛修，抗戰期間李若虛曾移居澳門。1946年，李若虛在香港島跑馬地成和道設壇宏法，收弟子百餘人，包括著名佛教大德馮公夏居士。[12] 後來，道壇又遷到北角輝濃臺2168地段向海左邊，成立「崇珠閣」

崇珠閣現貌

，此名字是呂祖仙師乩示命名。根據1971年「華人廟宇登記表」的資料顯示，當年崇珠閣的地段是：「由鄭日東與政府田土廳租賃蓋建，至1954年4月間政府售與開達公司通知收回，並指定原有面積遷徙重建現址。」今日的「現址」是1955年政府收回舊址，再於輝濃臺後山撥回山地約二萬呎再興建崇珠閣，即繼園山上的位置。[13] 乙未年(1955)農曆七月十五日舉行列聖崇陞典禮。

　　崇珠閣於1957年向華人廟宇委員會呈報註冊，登記資料顯示，主持人是李鈺圓，社長是藍榮輝，副社長是關德興、

---

12　香港道教聯合會新春特刊編輯委員會編：《道心》第二期，香港道教聯合會出版，1980年，頁33。

13　根據1957年12月崇珠閣遞交的「華人廟宇登記表」，簽名欄顯示的「廟管理人」是：藍榮杅、關德興、黃鴻基。

黃鴻基，當時關德興是住在北角英皇道的，亦於北角繼園街有物業。此外，值理有十七人，[14]而出資興建的共有二十位名人，包括：陸吟舫、藍榮輝、趙聿修、彭紹光、唐大吉、周有、馮公夏、趙惠廷、陳松漢、鄭日東、區鑑池、韋達、伍佩琳、區炳明、梁福光、區潤章、葉培均、陳維周、陳向善及歐陽權樞，都是香港社會的名人。

崇珠閣壇內供奉有：三寶佛、綠度母、大威德金剛、呂祖仙師、觀世音菩薩、關聖帝君、韋陀菩薩等，是香港少數同時供奉顯宗、密宗及道教聖像的道壇，而且實行顯、密、道共修。李若虛曾於羅浮山白鶴觀入道，後來皈依多傑覺拔上師，多傑覺拔上師是藏傳佛教格魯派大喇嘛，是民國初年東來漢土弘揚密法的先驅；曾進駐北京雍和宮，將二十多種藏密儀軌由藏文翻譯成漢文。後來，他的弟子張心若將上師口授之密法，筆錄編成《密乘法海》，現時崇珠閣亦有收藏一份手抄版。

## 3.李鈺圓與青松觀之關係

崇珠閣在北角成立伊始，即由李若虛嫡傳弟子李鈺圓(1910-1999)主持。1948年李鈺圓又在香港佛教聯合會理事優曇法師引導下，在港島跑馬地東蓮覺苑與陳靜濤、黃學仁等皈依太虛法師，[15]自後亦顯密雙修。

李鈺圓亦於甲午年(1954)八月初一日於青松觀皈依，道號龍珠，時任「都管」乃陸吟舫。據呂祖仙師鸞示訓詞的資料顯示，當時介紹人是伍逢時，保證人是金九品。1955年初，李鈺圓當選青松觀第四屆理事，與青松觀關係更為密

14 值理包括：羅葉燊、陳杏香、伍雲章、黃淑賢、李德榮、何棣甫、鄭粟雲、伍偉森、陳松柏、李良友、何運歡、藍森碩、周善德、莫瓊斌、崔寶卿、羅倩霞、陳國標十七人。

15 香港道教聯合會新春特刊編輯委員會編：《道心》第二期，香港道教聯合會出版，1980年，頁33。

李若虛法像　　　　李鈺圓法像

切。由於李鈺圓是註冊中醫師，亦能夠以氣功治病，50年代開始在位於九龍彌敦道200號的青松觀為街坊免費以氣功治病，從現存相片亦可看到有近百人聚集大廈天台接受治療。1956年6月14日《華僑日報》亦有報道：「北角繼園台崇珠閣主人李鈺圓居士，連年在青松仙觀，每晚義務施診貧病，凡二百多人，分文不受，獲惠者眾。昨午居士斥資煮丹，普施濟眾；事前啟建大悲懺一連七天，由黎福義、周善德、平大師、莫梅紅、侯寶垣、葉繞娥、梁萬妍、陸萬筠、崔龍騰、鄭九松、鄧九霄、李前華等分任禮拜。」

　　　1955年位於繼園街的崇珠閣成壇，青松觀弟子贈送了一幅緙絲賀詞給李鈺圓，內裡提到：「李龍珠，號鈺圓，以醫術濟世。甲午九月十五，受純陽呂祖先師，賜『渡苦慈航解厄真仙』」。清楚顯示，李鈺圓因治病有功，1954年已獲呂祖賜聖號。該幅緙絲賀詞又提到：「乙未上元，再賜寶誥，膺號『解厄金仙』。弟等受惠之餘，謹將寶誥書繡以贈：『

志心皈命禮：圓玄皓日，志若松堅。功成百練，果就丹圓。
密咒傳來，廣施博愛。解除疾苦，妙葯回天。壺丹永傳不死
葯，功垂不朽藉玄功。大仁大義，大德大慈，圓玄浩潔，解
厄金仙。』」1955年，李鈺圓再獲呂祖賜號「解厄金仙」，
並有寶誥讚頌。

　　1955年成壇時，一眾青松觀道侶也有支持，除了出資興
建外，[16]從現時留存的楹聯及墨寶可發現，不少是青松觀贈
送，包括「崇珠閣」匾額（乙未季夏·青松觀敬貽）、殿內楹
聯「崇德紀功垂世澤，珠光洞澈庇群生」(碧羅祖師賜句·青
松仙觀同人散賀)、「崇珠閣開幕詩」墨寶：「探得驪龍頷下
珠，雙修道密證真如。金偑寶誥膺天爵，濟度含靈羨結廬。
」(乙未仲秋，陳信育、蔡繞鐘、黎萬儒、鄧九宜、區繞純、
陳萬德、劉盈修等道長敬賀龍珠道長)等。另外，「旅港萬德
至善社」亦有贈送「佛道同參」墨寶以慶賀「崇珠佛社開幕
紀念」。

　　崇 珠 閣 在
1955年農曆七
月十五日舉行列
聖崇陞典禮前，
曾於七月初一舉
行皈依儀式，當
時青松觀道侶侯
寶垣亦有皈依，
道號「慧通」。
此外，青松觀創
壇「十八公」之
一的伍偉森亦於
1956年農曆四月

崇珠閣主殿供奉的三寶佛聖像

---

16 《道心》第二期提到，1955年陸吟舫、侯寶垣及一眾青松觀道長
在建壇上也有「鼎力支持」。見《道心》第二期，香港道教聯合
會出版，1980年，頁33。

崇珠閣主殿供奉的大威　　崇珠閣主殿供奉　　崇珠閣供奉的呂純
德金剛聖像　　　　　　　的綠度母聖像　　　陽祖師聖像

初八日的於崇珠閣皈依，道號「慧福」；而翠柏仙洞創壇之一的易智齡亦早於1956年農曆二月十五日於崇珠閣皈依，道號「慧玄」。「了閒道社」的鸞司王弼卿亦於1956年農曆六月十六日皈依，道號「慧明」。由此可見，當時不少香港道堂的重要道教人物都在崇珠閣皈依。另外，當年居於北角的「愛國藝人」關德興，亦曾在崇珠閣拜李鈺圓為師，道號「慧舜」。

　　崇珠閣與青松觀又不時舉行活動，如1957年兩間道堂同慶「宋忠臣婁德先真人殉國三百七十多年之紀念日」，於九龍仔環山學校周醒南校長處舉行誕辰，並設素宴招待來賓。[17]此外，青松觀之慈善活動，主持李鈺圓及社長藍榮輝均常以青松觀弟子身份參與，如1956年農曆十一月十一日於柴灣派賑棉衣，藍榮輝便以青松觀「總務主任」身份與弟子李鈺圓等赴區內「五段木屋叢及週圍海濱村落逐戶調查，分別派發衣被」，隨後的赤柱派送寒衣、九龍區及各山區派贈棉衣棉被，兩人均不時親力親為。1956年農曆十一月初六日，

17　參考1957年5月19日《華僑日報》之「青松仙觀及崇珠閣‧同人今
　　祝婁真人誕」。

李鈺圓於1954年於青松仙觀皈依之
度牒，道號龍珠

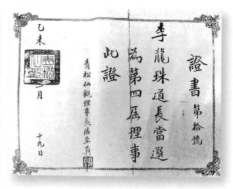

李鈺圓於1955年當選青松仙觀第四
屆理事之證書

青松觀、萬德至善社、松蔭
園等便曾於「北角區街坊福
利事務促進會」派發寒衣，
李鈺圓及藍榮輝均有參與，
他們亦走遍北角區內的琴台
山北、名園山、炮台山、芽菜坑、天后廟山及街邊天台等貧
民寮屋逐戶調查，及派發棉衣棉被。[18]

五十年代九龍彌敦道
200號青松觀合照，
前排左起：藍龍善、
李龍珠、唐龍飛、陸
至真、吳繞欄、梁
九如、倫福燦、伍佩
霖。後排左起：侯
寶垣、黎本佳、葉至
勤、伍紫林、崔繞
祖、葉萬成、黎紫金

18　有關李鈺圓及藍榮輝於50年代在青松觀的足跡，可參考青松觀網
　　頁的「歷史‧草創時期」部份：http://www.daoist.org/beginning/in-
　　dex.html

李鈺圓於九龍
彌敦道200號
青松觀的天台
上為善信治病

五十年代攝於
崇珠閣的照
片，淺色道袍
為青松觀道
侶。前排右三
是李鈺圓，左
三是吐登喇
嘛，左二是王
弼卿。第二排
左四是侯寶
垣，後排右四
是藍榮輝

五十年代崇珠
閣眾道侶誦
經，右一為藍
榮輝。

## 4.崇珠閣的壇務發展

　　崇珠閣在北角成立伊始，主要的宗教活動是供諸天、慶賀花燈、慶賀呂祖誕及觀音誕、盂蘭勝會等。每年農曆正月初一「供諸天」必禮佛誦經、正月初五「慶賀花燈」則舉行團拜及設齋筵聯歡。早年之「盂蘭勝會」更七晝連宵進行，後來則三晝四夜進行。舉如1959年之「盂蘭勝會」便聯合北角坊眾進行「首屆坊眾盂蘭法會」，宗旨是「戰時敵軍登陸北角，軍民戕生者眾，為求陰安陽樂」，[19]而且是「免費附薦」。1960年之「盂蘭勝會」，更「獲潛居新界大帽山岩洞靜修之西藏密宗高僧覺澄大師下山主持法壇經事，宏施佛力，超渡先靈。」[20]

　　崇珠閣「盂蘭勝會」除了邀請密宗高僧主持外，亦會邀請顯宗高僧參與，如1961年之「盂蘭勝會」邀請到香港名山高僧大施法雨，包括：「正覺老和尚、悟性、是幻、紹根、元果、旭朗、遠志，諸法師主壇，並有比丘尼壇，法事隆重。」[21]當年圓隆齋宴，除邀請一眾高僧外，更邀請了「天德教李鑑坡道長，梅振軍教授，青松仙觀伍偉森道長等百餘人，濟濟一堂，異常熱鬧。」[22]有時則是僧壇、道壇並行，如1964年的盂蘭法會：「僧壇：由沙田覺證老法師主壇，尼壇：由九龍法輪庵妹傅主壇，道壇：由青松仙觀部份道侶主壇，因緣珠勝，功德廣越，各方善信附薦先靈者極眾。其有清貧無力者，該會亦免費登榜，俾孝子賢孫，心慰恩酬，消

---

19　參考1960年8月26日《華僑日報》載：「鑒於戰時敵軍登陸北角，軍民戕生者眾，為求陰安陽樂，去年 (1959)即策動全區坊眾，舉行首屆坊眾盂蘭法會，免費附薦。」

20　參考1960年8月26日《華僑日報》之「西藏密宗高僧覺證主持崇珠閣法會，北角坊眾盂蘭法會是定期舉行」。

21　參考1961年7月29日《華僑日報》之「崇珠閣北角街坊定期聯建盂蘭勝會」。

22　參考1961年8月13日《華僑日報》之「北角崇珠佛社聯開法會齋僧」。

災弭劫。」[23]後來的「盂蘭勝會」則有「水陸超幽」，仍是免費為坊眾超渡先人。

　　此外，崇珠閣亦曾舉辦「大廟進香」，祝賀天后寶誕。如1965年農曆三月廿三日：「僱專輪前往大廟進香，於上午十時，在百德新街口集合，隨開赴九龍公眾碼頭停泊，以利便九龍半島之社友及其親友乘搭。全體下輪後，鼓浪向大廟進發，參加者數百人，由該社負責人李鈺圓率領。」[24]又如1970年農曆三月廿二日：「同門乾坤三百餘人，今晨九時在港島卜公碼頭乘專輪起程……是夕在社內設壇禮懺，施放焰口，由明輪佛堂師友主持，祝禱世界昇平。」[25]1970年之進香，更於兩天後在銅鑼灣悅興酒樓祝賀天后寶誕聯歡宴會，筵開三十席。「除於誕日僱專輪赴大廟進香外，並由明倫佛堂師友設壇禮懺，施放焰口，祝昇平康樂。」[26]

　　1957年崇珠閣於紅磡差館里十一號六樓另創分壇，名為「崇珠佛社」，並於該年12月1日開幕，

1957年崇珠閣於紅磡創建分壇「崇珠佛社」的開幕日上，北角街坊福利會致送賀牌，當時福利會會長是陳樹渠

23　參考1964年8月16日《香港工商日報》之「崇珠佛社北角街坊合辦盂蘭勝會」。

24　參考1965年4月25日《華僑日報》之「崇珠閣佛道研究社。

25　參考1970年4月27日《華僑日報》之「崇珠閣佛社今大廟進香」。

26　參考1970年4月30日《華僑日報》之「崇珠閣佛社賀天后聯歡」。

當日虔修大悲寶懺，晚上「放三清」，並設齋筵招待各界。
該分壇的社長是李鈺圓、正副理事長是王弼卿、張和、歐
慧川，總務是藍榮輝。當日開幕的觀禮者包括陳維周、陸吟
舫、侯寶垣、青松觀各道侶、北角街坊會代表等。[27]

　　1973年崇珠閣獲准註冊有限公司，董事會主席李鈺圓，
與藍榮輝、關德興、黃德明等於該年1月16日晚舉行「註冊
有限公司法團首屆董事職員就職典禮暨歲晚酬神聯歡宴」，
社員善信等參與者近千人。當日早上崇珠閣還為此虔修經
懺，午間朝賀。[28] 另一方面，1980年，崇珠閣代表藍榮輝膺
選為香港道教聯合會第八屆理事，並膺選為建設主任，可見
崇珠閣到八十年代仍積極參與香港道教事務。

## 5.崇珠閣的慈善事業

　　崇珠閣主持李
鈺圓及社長藍榮輝
除了經常參與及支
持青松觀之慈善活
動，並在青松觀為
善信治病外，崇珠
閣亦曾在北角「贈
茶解渴」。1957年
9月18日《華僑日
報》曾報道，由於
北角人口登記局每
日列隊輪候辦理領
取身份證的人多達

八十年代香港道教聯合會主席湯國華(壇前跪拜者)
與一眾理事到崇珠閣拜訪。右一為侯寶垣

---

27　參考1957年12月2日《華僑日報》之「崇珠佛社昨午開幕禮」。

28　參考1973年1月17日《華僑日報》之「北角崇珠閣佛社獲准註冊有
　　限公司，首屆董事就職聯歡」。

數百人乃至數千人，循英皇道邊行人路向西直伸，伸到北角街坊會之坊眾樂園而達香港煙廠。其中有一段行人路位於北角平民營木屋區外，上無遮蓋，輪候者無不感到疲累口渴。崇珠閣負責人有見及此，特於該年六月起在坊眾樂園大門走廊，安排人手負責煎茶及贈送，最高記錄每日贈茶達千餘桶。[29]

此外，分壇崇珠佛社平日亦有贈醫施藥及冬施發棉衣棉被，[30]1961年更曾計劃籌設義學，李鈺圓還特邀善心人士包括黃惠伯、梁天一、黃伯雄、黃倫、招崇德、謝雨生及鄺禹修等籌備，當時更已籌足基金及向教育局申請，只待政府撥出徙置大廈校址便可開課，[31]惟終未成事。

## 6.崇珠閣助印之道經

崇珠閣藏經豐富，涵蓋了佛教顯、密及道教經書，部份是李若虛手寫本及李鈺圓修持用本，當中有些密宗經本的版本亦比較罕見。1956年崇珠閣曾刊印《太上玄靈五斗增福延壽妙經》，李鈺圓在序言道：「然求得道密交融，可為禮斗寶笈……五斗妙經可稱無上寶笈，復得密宗真傳之斗姥三明咒、靈驗心咒多篇暨先天一目真言、斗姥真言解冤結真言等，輯成專帙。」是經加入各種密宗真傳禮斗靈咒，是香港獨有的道密相融禮斗經本。此外，內頁亦附有「崇珠閣主李鈺圓玉照」，並註明：「未明白念誦方法，請到崇珠閣學習，由本閣主人傳授。」

崇珠閣亦藏有《道密雙修法儀軌》及《顯密雙修課誦》，前者有李鈺圓之序言，後者是1945年印本，封面由李若虛

題字。另外，崇珠閣曾於1961年刊印《呂祖無極寶懺》，之後亦曾派贈道教善書《孚佑帝君覺世治心·尊生妙經》、民間善書《衣鉢真傳》、《看破世界》、《收圓寶訓》等。另外，崇珠閣於1960年亦印行了《攝召科》及《散花科》等，但行儀屬於佛教幽科，版本亦比較罕見。

繼園街56-74號，右下角位置是崇珠閣的入口處。

## 總　結

　　崇珠閣是北角繼園山現存與陳維周家族仍有關連的地方，在五十年代可說是屬於繼園的附屬壇堂。隨著今日北角繼園街兩旁的建築物相繼清拆，昔日繼園街的舊建築已大部份消失，現只餘下歷史最悠久的崇珠閣，已接近七十年歷史，是北角區難得一見的廟宇建築。另一方面，崇珠閣是香港獨有的顯、密、道兼修的壇堂，所修持的經本亦是顯、密、道相融，這是香港道教非常罕見的特色。在數十年來的壇務發展中，李鈺圓及藍榮輝等發揮重要角色，對推廣經教，濟渡貧苦方面不遺餘力。現時崇珠閣只餘下李鈺圓的後人獨力承擔壇務及維修建築物。本文亦希望透過闡述崇珠閣與北角繼園的歷史關係，引起大眾對香港傳統道壇，與保育古物古蹟的關注。

# 學出兩家　源由一脈
## ——儒者伍憲子求道與傳道之旅初探[1]

劉志輝

香港都會大學兼任副講師

## 摘　要

　　談到伍憲子，我們都會想起康有為、保皇黨、中國民主憲政黨，還有第三勢力人士。但我們卻很少注意到伍氏的另一重身份：九江學術繼承人簡朝亮的弟子；孔聖堂、學海書樓講座的主講人；聯合書院的教授。簡言之，除了是政客，他還是一位學者，準確地說是一位儒家學者。

　　自古以來，中國的「讀書人」並非「為讀書而讀書」，「讀書」是一種具特定含義的行為方式。「讀書」不是一種純技術、技能性的學習，反之，這是一種「超技能的持續學習」，在「學」的過程中，正體現了一種追求和探尋「無用之用」的努力。「道」在「學」中，在十九世紀末以前，這個命題並未受到質疑。但進入二十世紀，「道」在「學」已經變了調，不僅「道」的地位動了，「學」的內容也起了變化。在本文裡，筆者將以伍憲子（1881-1959）為例，重構轉型時代的中國知識分子「求道」過程，並從中展示被邊緣化

---

1　本文為拙著《孔道追尋實變與不變：以朱次琦、簡朝亮和伍憲子為討論中心》其中一章，此書將收進《新亞文商學術叢刊》，由萬卷書樓圖書股份有限公司出版。

儒學的活力所在。

## 第一節 引 論

自古以來，中國的「讀書人」並非「為讀書而讀書」，「讀書」是一種具特定含義的行為方式。「讀書」不是一種純技術、技能性的學習，反之，這是一種「超技能的持續學習」，在「學」的過程中，正體現了一種追求和探尋「無用之用」的努力。「讀書人」不斷追求的努力，最終目的就是要知「道」，故《禮記・學記》云：

> 雖有嘉肴，弗食，不知其旨也。雖有至道，弗學，不知其善也。是故學然後知不足，教然後知困。知不足，然後能自反也。」[2]

人要知「道」，必須先要懂得「自省」，要「自省」便須先知己之不足，要知己之不足，便須先要主動去「學」。由是可知，在儒家的傳統中，「學」就是「求道」之旅，「道」就是讀書人認識和解釋世界的「意義」所在，也是讀書人安身立命之所在。「道」在「學」中，在十九世紀末以前，這個命題並未受到質疑。但進入二十世紀，「道」在「學」已經變了調，不僅「道」的地位動了，「學」的內容也起了變化。在政治和社會環境的劇變下，傳統的中國儒學還可以成為中國人安身立命的依據嗎？

若論中國傳統之學受到衝擊，讀經廢止的激烈討論可謂是一個典型的例子。雖然，在1911年，中央教育委員會通過了小學堂不設置讀經、講經的議案並未實際執行。[3]但在民國成立

2　《禮記・學記》，見楊天宇撰：《禮記譯注》，頁456-457。
3　左松濤著：《近代中國的私塾與學堂之爭》（北京：三聯書店，2017），頁297-299。

以後，中國傳統經學被「化整為零」已經是無可避免的事。
但對於九江弟子而言，孔門經學的價值（至少在道德教育的
價值）是不變的，而經學的傳播也是不可停止的。例如在二
十世紀二、三十年代，在佛山設館講學的簡詠述，秉承父親
簡朝亮的志業，以傳授經學，立人濟世，發揚中國文化為己
任。[4]就算是到了簡朝亮的孫兒簡伯解，雖然已經不再以講學
為業，但猶不忘乃祖遺志：

> 卅年去國滯邊關，不讓遊人自往還。
> 悄立鑪峰翹首望，故鄉猶在白雲間。
> 一抹斜陽里里紅，珠江白浪泛狂風。
> 將軍山上多豪傑，禮治興華振大同。[5]

　　由簡朝亮兒孫的例子可見，九江門下弟子心中的「道」
未有隨著儒學和經學的邊緣化而泯滅。在本文裡，筆者將以
伍憲子（1881-1959）為例，重構轉型時代的中國知識分子
「求道」過程，並從中展示被邊緣化儒學的活力所在。過往
的研究中，伍氏為人所熟悉的是其「政治身份」，他既是康
有為（1858-1927）的弟子，又是民社黨副主席。[6]但有關伍
氏另一個「學術身份」——嶺南九江學派宗師朱次琦的再傳弟
子——則較少人關注。若以思想史的角度觀之，伍莊與同門師
兄黃節和鄧實一般，可以被視為文化保守主義者來討論。有

---

4　簡詠述：〈視學員視學記〉，見李僎仿：〈松桂堂憶述〉，見李
　　巽仿等編：《松桂堂集》，頁26-28。

5　簡伯解：〈登太平山東留港同窗諸君子〉，同上註書，頁110。

6　1959年10月7日，上午8時15分，伍莊在九龍寶血醫院病逝，享年
　　79歲。次日，《香港商報》報道其死訊，標題為「民社黨副主席
　　伍憲子在港病逝」，見《香港工商日報》，1959年10月8日，第
　　5頁。此外，同日《大公報》在報道伍氏死訊後，也謂：「國民
　　黨時期，歷任廣東省、湖北省行政官員，及『總統府』諮議、顧
　　問，並為『民主社會黨』副主席。」，見《大公報》，1959年10
　　月8日，第4頁。

論者認為，在二十世紀初，中國的自由主義與激進主義對傳統的批評揚棄，是要解除傳統的束縛和惰性，以確立新的文化規範。反之，文化保守主義者藉助傳統，又是防止自由、激進思潮導致的文化失範。[7]然而，筆者以為不論是反傳統或是守護傳統的，都是以尋求或重建秩序為己任。所不同的，是前者向外苦苦尋覓，後者向內孜孜以求。伍憲子一生求道，弘道和傳道正好是絕佳的證明。

## 第二節　從商家子到儒家人

　　伍莊（1881-1959），譜名文琛，字憲子，亦字憲庵，號夢蝶。清光緒七年（1881）農曆五月初七日（陽曆6月3日），伍莊在廣東省順德縣第八區古朗鄉出生，為家中長子。[8]伍家數代以營商為業，家中薄有田產，惟並不算富裕。[9]至於伍莊的求學之旅，則自光緒十三年（1887）始。那一年，伍氏剛滿七歲。他在父親剛辭世數月後，如其他同年孩子般進入塾學開蒙。當時，童子入塾，稱為「蒙學」，多先授以《三字經》、《千字文》、《幼學詩》，之後再教《大學》、《中庸》、《論語》、《孟子》。再進而傳之《詩經》、《書經》、《易經》、《禮記》、《左傳》，但凡此

---

7　沈衛威：《回眸學衡派：文化保守主義的現代命運》，頁86。

8　伍憲子有同母弟文琮、妹琰文；亦有異母弟文珣。見梁漱溟弟子胡應漢輯著的《伍憲子先生傳記》（香港：胡應漢，1953），頁5-6。下凡徵引此書，皆稱《傳記》。

9　伍憲子家族以經商為業，其曾祖、祖父、父親都是不假天年。如其曾祖茂廣公、祖父昭和公（時年僅二十六歲）在粵北連州抵抗太平軍同時遭難。父親福田公在生前雖稍置田產三十畝，值年租二百五十，並在廣州經營的花紗商號有年股息一百元之收入，但並不足以養活一家八口。見同上註書，頁5-6。有關伍氏祖父輩早逝之事，實有詩為證。1922年，伍氏作《哭弟》詩，現節錄如下：「我家高曾來，百年經五代；老少十九丁，方生又痛逝。並在不逾八，近代尤短歲；祖歿二十七，父歿三十四。我生才六載，我父傷見背」，見同上註書，頁56。

諸經，只由學童呆讀強記，甚
少講解。[10]故直至光緒十九年
（1893），自入讀鄰鄉吉祐麥
氏家塾始，伍氏才稍知讀書門
徑。[11]雖然伍憲子在十三歲的
時候，已遍讀經書，並開始讀
史，也學做八股文。然而，此
時伍氏所受的教育，對他的「
生命」似乎還未構成什麼重要
影響。同年，少年伍氏在康有
為（1858—1927）的弟子麥
孟華（1814—1915），仲華
（1876—1956）兩兄弟家中，

伍憲子先生近照

首次讀到到康氏的《長興學
記》。[12]光緒二十一年（1895），伍憲子到廣州應童子試，再
得讀南海先生的《桂學答問》。[13]至此，伍憲子與其師康南
海似乎已結下不解緣。

　　光緒十七年（1891），康氏上書不成，只好回家講學，
開絳帳於廣州長興里，舍名萬木草堂。[14]南海先生所授雖以
舊學為主，但已注入西學，並講求學以致用，故當時青年

---

10 有關「蒙學」的情況，可參考伍氏同門盧湘父：《萬木草堂舊
　　憶》，現轉引自陸鴻基編：《中國近世的教育發展（1800—1949
　　）》（香港：華風書局，1983），頁52。

11 伍憲子曾自述：「讀書稍知門徑，自茲始。」見胡應漢：《伍
　　憲子先生傳記》，頁6。

12 胡應漢謂：「癸巳年，先生十三歲。經書皆畢讀；已能看史，並
　　學做八股文。這年，從康門弟子麥孟華仲華昆仲家，得讀長素先
　　生之『長興學記』」，同上注書，頁6。

13 同上注書，頁6。

14 關於萬木草堂之名始於何時，吳天任謂：「萬木草堂之名，雖甚
　　著稱，而先生初開堂講學，疑尚未用此名。」詳見吳天任：《康
　　有為先生年譜（上）》（台北：藝文印書館，1994），頁75-76。

多趨之，[15]當然少年伍氏亦不會例外。光緒二十二年（１８９６），是時伍氏十六歲，為家計之故，他到廣州的花紗商號實習。[16]當時，康有為在廣州講學，伍憲子經康氏弟子劉楨麟的介紹，謁見康氏於萬木草堂，「聽康講說，大為感動」。雖然家境不佳，但經父執輩的勸說，伍憲子的母親終於讓兒子棄商從學。然而，伍憲子入讀的並非心儀的萬木草堂，而是回到簡岸老鄉，跟從九江朱次琦的學生、康南海之同門簡朝亮（1852-1933）攻讀舊學。[17]

　　光緒十五年（1889），順德簡朝亮鄉居教學。翌年十二月，簡氏築讀書草堂於簡岸。光緒十七年（1891）春，諸學子來讀書草堂，從學者眾。[18]於光緒二十三年（1897），正月，伍憲子到簡岸草堂就學：

> 　　時留居堂草堂者五六十人，各有住房。先生極用功；每日，未明即起，燃油燈讀書，燈油盡，天始明。在野獲亭前作晨操；以帆布囊細沙，小者三四十斤，大者七十斤以上，先生能雙手高舉七十斤重之沙包；有時則開竹弓，角弓。每夕，十二時後始就寢；寢息止得四小時。竹居先生常戒之。[19]

　　由此可知，這位伍家長子為學甚勤。但若論簡竹居對伍

---

15　汪榮祖：〈康有為研究〉，汪榮祖著：《從傳統中求變——晚清思想史研究》，頁194。

16　伍憲子曾記母親的話：「讀書在明理學做人，汝今應懂做人矣。不事生產的讀書人，我家環境所不許。」後「先生乃廢讀，赴廣州，習商於福田公所創辦之花紗商號。」見胡應漢：《伍憲子先生傳記》，頁6。

17　於1897年6月，伍憲子曾到萬木草堂聽講。同年9月，康有為入京。1898年，發生戊戌政變，萬木草堂解散。見同上註書，頁7。

18　張紋華：《簡朝亮研究》，頁19。

19　見胡應漢：《伍憲子先生傳記》，頁7。

氏影響最深者，便是簡氏特別重視的「做人之道」：

> 【簡竹居先生教學】從上午九時起，至十二
> 時止，精神不倦。有時下午再續講兩三小時。講
> 至扼要處，以箸擊桌面，發人深省；尤甚注意做
> 人之道。聞者每汗流浹背，印象永遠不忘。[20]

九江學派之門風，重視「修身」和「讀書」，九江先生
曾謂：「學孔之學，無漢學，無宋學也。修身、讀書，此其
實也。」又謂：「讀書以明理；明理以處事；先以自治其身
心，隨而應天下國家之用。」[21]故伍氏亦說：

> 讀書而不修身，雖讀盡古今書，鈍者祇是一
> 個書櫥，險者益其做小人工具。[22]

「讀書」和「修身」並重，既是九江學派之要旨，其內
容是什麼呢？據門人記載：

> 朱九江之學，壹以孔門微言大義為宗，而要
> 歸於實踐。其設科目也，修身之道四：曰惇行孝
> 弟；曰崇尚名節；曰變化氣質；曰檢攝威儀。讀
> 書之實五：曰經學；曰史學；曰掌故之學；曰性
> 理之學；曰辭章之學。綜修身讀書之實，即《中
> 庸》所謂「尊德性而道問學也。」[23]

在晚清學術思潮的發展中，九江學派堅守「反樸學」而
「倡實學」的位置。上引的「四行五學」皆指向實學。九江學

---

20  同上注書，頁7。
21  簡朝亮：《清朱九江先生次琦年譜》，頁49及57。
22  見胡應漢：《伍憲子先生傳記》，頁23。
23  見李巽仿等編：《松桂堂集》，頁6。

派所謂「實學」即是孔學，故孔子在九江學派的地位崇高。[24]

　　光緒二十六年（1900）六月，讀書草堂遭盜賊入劫，簡朝亮攜家人離開簡岸。十月初五日，在陽山黃賓虹的資助下，陽山讀書山堂落成。[25]讀書山堂為土木結構建築，位於陽山縣水口鎮將軍山上。據簡氏《自陽山寄草堂諸書學子書》記：

　　　　高數十仞，螺旋蟻線，人跡升行三四里乃躋
　　其巔。山勢如城，或如瞭望台，山下數鄉凡數百人
　　為之堡砦焉。有山水穴五，皆可飲。山多巨石，耕
　　土雖不多，亦不宜稻，然宜菽宜麥，小耕可也。[26]

　　光緒二十七年（1901），春，伍憲子曾居陽山讀書山堂半載。[27]自此別後，伍氏隨竹居先生之游大致告終。

　　若綜合康、簡二人對伍憲子的影響，可用胡應漢的話作總括：在修身方面，伍氏受竹居先生之影響較深；在政治方面，受長素先生之鼓勵不少。[28]1951年，伍氏在香港回憶自己求學之旅時說：

　　　　我少年從簡、康兩先生游，兩家學術路數
　　完全不同；兩家弟子亦免門戶之見。吾則往來兩
　　間，於簡師其篤實，於康贊其高明；泛覽各家，

---

24　九江學派的「實學」化傳統，既有自身因素，也與嶺南學術傳統有關。見張紋華：〈「九江學派」與嶺南學術傳統〉，《社會科學家》，頁142-146。

25　簡門弟子黃贊襄條記：「黃其勳先生字贊襄。陽山人，受業簡岸讀書堂，勤奮務本。光緒二十六年庚子，令尊賓虹翁，築堂於將軍山，為簡夫子居之。講經著述於其間，凡九年，與簡岸草堂相輝映。」見李巽仿等編：《松桂堂集》，頁17。

26　簡朝亮著，梁應揚注；《讀書堂集》，頁20。

27　見胡應漢：《伍憲子先生傳記》，頁7-8。

28　同上注書，頁8。

消化而會通之；便成功了自己受用的學問。[29]

1952年，唐君毅先生（1909-1978）為《伍憲子先生傳記》寫序時，亦言：

> 憲子先生，南來得見，乃知其學，出入康簡二先生之門。仰其氣象，蓋亦納南海之豪邁之氣，於篤實敦厚之踐履中，愷悌溫恭，老成人之典型猶在⋯⋯及伍先生之為學與為人，皆皭然儒者之行，足為來者之矜式者也。[30]

從萬木草堂，到簡岸草堂，再到將軍山，因緣際會下，伍氏有幸親炙朱九江門下康、簡兩位先生。若從一生之事業而論，自1912年，伍氏受南海先生之命，助同門師兄徐君勉（1873-1945）在香港辦《商報》始，其後不論執筆論政，還是為官組黨，多是奉師命，秉遺志而行事。[31]由是觀之，康有為不論在政治理論，還是學術路數，對伍氏而言，其影響都是決定性的。惟若從做人處世而論，伍氏則秉承簡竹居存先生內斂與保守之風。與此同時，伍憲子亦歇力闡發孔學，作為民族文化之核心價值，作為抗拒西風狂飆的武器。惟時移世易，縱觀伍氏的「孔學」既不同於朱九江，亦有異於簡、康二師，可謂是承九江精神，會通康、梁學說，變而化之的一種「新孔學」。

## 第三節　初踏報界與政壇

20世紀以前，讀書人要傳揚師門之學，都離不開著書和

---

29　同上注書，頁89。
30　同上注書，頁3-4。
31　伍憲子在1952年以前經歷之大概，可見同上注書，頁5-22。

講學。就如朱九江辭官以後，禮山便成為他弘揚和傳播孔學的中心，而簡朝亮秉承九江門風，也走不出其師的框框，仍以講學為弘道和傳道的主要途徑，所不同的是簡氏十分重視書籍的著述和刊行。但受到時代和傳播方式的限囿，師徒二人所傳孔道的受眾依然有限。但觀伍憲子卻因為時代和經歷的不同，除了講學和著述，還得以利用報刊和演講來傳揚孔門之道，其受眾之廣實非朱次琦和簡朝亮所能及。如張灝教授所言，1895年以前，中國已有近代報紙雜誌出現，然而它們大都只屬於邊緣性報刊（marginal press），影響有限。但在1895以後，由於政治改革運動的帶動，不僅報刊雜誌的數量激爭，而且這些報刊雜誌的性質與功能亦起了變化：它們不但散布國內的新聞，並具有介紹新思想及刺激政治社會意識的作用。[32]自1897年，伍氏在《香港中外新報》、廣州《時敏報》，《博聞報》撰寫文章，評論時政開始，他的一生便與報刊雜誌，這種「轉變時代」的新興的傳播媒介結下了不解緣。[33]

　　1908年2月5日，日輪二辰丸號載運軍火被廣東水師扣查，並將船上的日旗卸下。日領事提出抗議，要求廣州當局為之鳴炮升旗。於是激起民憤。伍憲子在其主筆政的《香港商報》上著論反日，並發起成「振興國貨會」，實行抵制日貨。[34]後來，日人請港督迫伍氏「自由出境」，伍憲子即

32 張灝：〈轉型時代在中國近代思想史與文化史上的重要性〉，《張灝自選集》，頁110。

33 據《傳記》所載，伍憲子曾主筆政或協辦的報紙有：《香港商報》、星洲《南洋總匯報》、廣州《國事日報》、北京《國民公報》、《唯一日報》、《共和日報》、三藩市《世界日報》、紐約《紐約公報》。而伍氏曾開辦的雜誌計有：《平民週刊》、《丙寅雜誌》、《雷風雜誌》、《人道週刊》。見胡應漢：《伍憲子先生傳記》，頁8-21頁。

34 據不少報道，「二辰丸案」引發的「抵制日貨」風潮對香港治安也有影響，而日本政府亦曾發照會給香港政府要求鎮壓上述活動。見〈十日大事記:十四日:日本政府照會香港政廳請鎮定將來抵制日貨之騷擾〉，載《安徽白話報》，1908年第5期，頁3。

在《香港商報》上發言反擊，輒被港府拘捕。幸而，在華商和華人的壓力下，港府最終把伍氏釋放。因「二辰丸案」引發的抵制日貨風潮，及在香港被拘留一事，讓伍憲子聲名鵲起，此事亦可證明報刊的影響力匪淺。[35]

　　在被逐事件平息後半年，伍憲子受康南海命為會務奔走，出遊南洋群島，主要任務就是向華僑宣傳演講，並作招股投資。期間，伍氏曾為星洲朱子佩的《南洋總匯報》主筆政。1910年，伍氏回港繼續主理《香港商報》，亦曾助徐君勉辦理廣州的《國事日報》。計自1912年至1948年期間，伍憲子雖曾廁身政界，但他對辦理報刊和雜誌仍是情有獨鍾，是因為他認識到新聞傳播的重要。伍氏曾經指出，中國民主要實現民意，必須要重視輿論和清議：

　　　　中國民主，其先最重視輿論，輿論不只足以表達民意，同時即足以實現民意。西方民主國家之運用民權，亦不能忽略此，試觀美國，每次大選之時，競選人出盡力量，赴各地演說，各自標榜其主張，其目的，就是想引起人民注意，造成擁護競選人之一種輿論。[36]

　　伍氏認為縱使中國沒有選舉制度，但國家每遇到大事，仍會聽取人民公意，而且中國有「天視自我民視，天聽自我民聽」的古訓，也可以證明古代中國雖實行君主制度，但重視輿論的傳統亦存之已久。[37]至於清議又與輿論不同，依伍氏所言：

---

35　見胡應漢：《伍憲子先生傳記》，頁8-9頁。又可見於佐頓：〈記者時代的伍憲子：使日本發怒，港督頭痛〉，《公平報》，1947年，第3-4期，頁7。

36　伍憲子：《中國民主主義》（香港：自由出版社，1957），頁168。

37　同上註書，頁168-170。

　　　　輿論是眾論，屬於多數之人民，當然其勢
　　力萃合甚大。但多數人民之所主張，不一定是國
　　利民福，蓋非常之原黎民所懼，利害之見，有時
　　蒙蔽是非……應知群眾之主張，每動於一時之高
　　興，所謂群眾心理，大率趁熱鬧多，故「媚于庶
　　人」，不一定是善，此在上節已言之，因素此故
　　當注意清議。清議者，士大夫之議，亦即是知識
　　分子之議，他們知識比較高，腦筋比較冷靜，觀
　　察事物，比較敏銳，思想所及，比較長遠，其批
　　評與主張，有時高出乎眾人，故其價值之重，更
　　不能抹煞。[38]

　　縱觀民國成立之初，報刊的自主空間得到前所未有的擴
張。袁世凱（1859-1916）奪權前，全國共有五百多家報紙，
袁氏奪權後對新聞界採取壓制措施，北京只剩下二十多家報
紙，上海剩下五家，漢口剩下兩家。其後，袁世凱政權迅速
坍塌，說明被壓抑的輿論事實上著強大的政治功能，即公共
輿論已成為政治正當性的來源之一，如果統治者得不到民意
和輿論的支持，其政權勢必崩潰。[39]戈公振（1890-1935）曾
經指出：

　　　　民主政治根據於輿論，而輿論之所自出，則
　　根據於一般國民之公共意志。報紙者，表現一般
　　國民之公共意志而成立輿者也。故記者之天職，
　　與其為製造輿論，不如謂為代表輿論；更進一步
　　言，與其令其起而言，不如令其坐而聽，耳有所
　　聽，手有所記，舉凡國民歡笑呻吟哭泣之聲，莫
　　不活躍紙上，如留音機器然，則公共意志自然發

---

38　同上註書，頁168-170。
39　唐小兵：〈清議、輿論與宣傳清末民初的報人與社會〉，載李金
　　銓編：《報人報國》（香港：中文大學出版社，2013），頁52。

現，而輿論乃有價值而非偽造。[40]

　　戈公以上的一段話，體現了現代報紙的政治功能。誠如唐小兵所言，報紙職能應成為一般國民公共意志之記錄者。而所謂「公共意志」即是「民意」，應該不需要知識精英來啟蒙與召喚，可以自然發生而凝聚。公共意志借輿論得以表達，而民主之政治應該受到公共意志之規約。[41]這與伍憲子所說的「實現民意」同出一轍。其中所不同的，是伍氏更著重報刊作為表達知識分子言論的作用：

　　　　試徵之歷史，東漢黨錮李膺范滂諸賢，其危言覈論，激濁揚清，所以造成清議者，力量相當有效，能使強權文臣，息其窺伺之謀，豪俊之夫，屈於鄙生之議，此就是仁人君子主持清議之心力。[42]

　　在上述引文裡，我們不難發現在言詞之間，伍氏表達了他對東漢黨錮「諸賢」的羨慕之情。當中「能使強權文臣，息其窺伺之謀，豪俊之夫，屈於鄙生之議」正好反映他主辦報刊的期許。同時，在欽羨之餘，亦流露出知識分子強烈的道德批判意識。

　　自民國建立以後，伍憲子游走政界。先後在1913年，署任廣東省內務司長；[43]後調任湖北省內務司，不就。[44]1914

---

40　戈公振：〈中國報紙進化之概觀〉，頁19。轉引自唐小兵：〈清議、輿論與宣傳清末民初的報人與社會〉，同上註書，頁53。

41　同上註，頁53。

42　伍憲子：《中國民主主義》，頁174-175。

43　見〈中國大事記〉，「民國二年九月十九日」條，載《東方雜誌》，第10卷第5期（1913年9月），頁1。

44　徐世昌：〈內務總長朱啟鈐呈將裁決湖北省內務司長伍莊交政事堂存記文並批令〉，《政府公報》，第757期（1914年6月11日），頁18。

年,入京,伍氏被改任龍州關監督,但自請留京。[45]同年,又被簡為總統府諮議。1915年,夏,袁氏議稱帝宜,伍憲子曾上書力勸,惟書未能進。後袁氏稱帝,伍氏原與徐君勉離京南下廣州,又因被監視未能成行。計自1916至1922年之間,伍憲子先後擔任副總統府諮議、總統府諮議、國務院參議一類的閒職。在此期間,雖仕途無甚可觀,惟伍氏致力辦報之心不改。如1918年,與盧藝亭、符九銘辦《唯一日報》;翌年,接辦《共和日報》;1926年,伍氏在香港與劉德譜、陳廉伯、葉蘭泉辦「平民自救會」,又創辦《平民週刊》、《丙寅雜誌》,反對聯俄容共,力倡救時局之責,在於平民身上。[46]伍氏以筆名夢蝶,在《丙寅雜誌》上指出:

> 　　中國近十餘年,雖號稱共和,而國家大權,恆操諸官僚軍人之手,政客則從中播弄之。人民絕無過問之力,亦絕無過問之心。所以官僚、軍人、政客,往往假造民意,而人民亦不知出而辯正。中國人民之不能運用共和政治,有識者觀之,恆為心痛。[47]

　　就是因為人民之無力、無心、無知,所以伍憲子才決心辦「平民自救會」力圖喚起人民參與政治的責任感,發動所謂「全民政治」運動。[48]自古以來,「致君堯舜上,再使風俗淳」都是中國儒家傳統裡知識分子的既定使命。身處民國初建時代,或緣於政局紛亂,或出於背景不足,伍憲子的仕途既不通達,也難有影響執政者的可能。於是他只好用心於

---

45 徐世昌:〈大總統批令:財政部呈龍州關監督伍莊學問素優擬請以監督原官留部辦事所遺員缺請以王愷憲暫行兼署並請免觀請鈞鑒由〉,《政府公報》,第861期(1914年9月26日),頁10。
46 胡應漢:《伍憲子先生傳記》,頁11-17。
47 夢蝶:〈平民自救之真精神〉,《丙寅雜誌》,1926年第2期,頁1。
48 有關「平民自救會」的綱領,見同上註,頁2-9。

「淳風俗」，開「開民智」。

## 第四節　三藩市的歲月

　　1927年3月31日，康有為遽逝於青島。[49]1928年5月，伍憲子按照與梁啟超、徐勤（1873-1945）等議定的計劃，自香港出發到三藩市主持《世界日報》。[50]考美國三藩市的保皇會成立於1899年10月26日，首位會長是一位中醫師，唐瓊昌則為秘書。唐當時在致公堂及安義堂皆有要職。[51]如論者所言，保皇會對三藩市唐人街的最大貢獻是報業的經營。保皇會先後在美西和加拿大創立機關報《文興報》、《世界報》（三藩市）、《維新報》（紐約）、《新中國報》（檀香山）、《日新報》（加拿大），由於各地社區華人多不諳外語，華文報紙幾乎是華僑社群中唯一的宣傳溝通媒介。[52]正因如此，報紙已成為保皇黨和革命黨的血戰之地。抵達美國不久，伍氏的十七歲女兒婉眉病逝於香港。愛女早逝，固然

---

49　有關康有為離世之事，可詳見吳天任：《康有為先生年譜（下）》，頁785-786。

50　據伍憲子所記，1927年，冬：「徐勤、伍憲子等在天津梁宅會議數次。關於憲政黨今後應如何辦法，有所決定。先由伍憲子入美，整理黨辦言論機關，次由徐勤入墨，整理華墨銀行未了事務。梁啟超則在國內主持一切。」見伍憲子：《中國民主憲政黨黨史》（舊金山：世界日報社，1952），頁113。有關離國赴美的原因，伍憲子曾言：「回憶七年前之五月，濟南慘案發生，國民黨人竟忘外患，反興高彩烈北伐……因直斥黨政府對濟南案之軟弱媚敵，《雷風雜誌》被禁止，無政治可言，乃飄然去國，渡太平洋來美。」見伍莊：《美國游記》（三藩市：世界日報社，1936），頁2。

51　陸國燊：《孫中山與美洲華僑：洪門致公堂與民國政治》（香港：商務印書館，2019），頁75。

52　同上註書，頁84-85。

讓他傷心欲絕。[53]惟翌年一月，伍氏敬重的學長梁啟超也因病去世，更使他備受打擊。是時，伍憲子孤身在外，處理憲政黨黨務，面對和國民黨之間鬥爭，實在不容易。[54]在這艱難的日子裡，伍氏心志尤堅，毅然迎難而上，他曾作詩云：

> 擁被高眠到畫間，問心無愧是非間。
> 須將肝膽平人我，不露鋒鋩削險艱。
> 善學養才先治氣，執舵作法可為圖。
> 神游此境非容易，萬卷書殘兩鬢斑。[55]

按胡應漢所言，此詩是伍氏在辛未年（1931）元旦之作。詩中所言，正好反映伍氏在美國三藩市經歷的艱辛，並顯出他弘揚正道的不畏艱難的精神。想《世界日報》主要以攻擊國民黨為要務，伍氏常要應付筆戰，面對攻擊，故「是非」難免。惟首聯卻謂自己能「擁被高眠」、「問心無愧」，可見其有君子坦蕩的胸懷。至頷聯「須將肝膽平人我，不露鋒鋩削險艱」意謂縱使面對種種攻訐，但他卻可破除重重艱險，足見其心志堅定。當然，伍氏能有面對困境並不容易，故詩云：「神游此境非容易」，實在是儒家重視修身的結果，頸聯的「善學養才先治氣」，所指正是九江學派所重

---

53 愛女早逝，伍憲子曾作《眉兒哀詞》致其哀思云：「前日天氣陰，獨坐神不愉；家書二萬里，動淚沾襟裾……眉兒吾木蘭，聰明稱鳳雛；性厚得親愛，志強憂學疏……若云有主宰，毋乃太胡塗！偏向真性人，施威而奪挈……」見胡應漢：《伍憲子先生傳記》，頁16。

54 伍憲子曾說：「十八年一月十九日，梁啟超在北京逝世，以致梁、徐、伍所定海內外合力復興黨務之計劃，受一極大打擊。伍憲子在海外，孤軍奮鬥，國內之變動極大。國民黨恃北伐成功而愈驕，影響到海外之國民黨人，大有氣吞全僑之勢。憲政黨積弱之餘，再遭此大變，實無從發展。」見伍憲子：《中國民主憲政黨黨史》，頁114。

55 伍憲子：《憶韓樹園詩，有「擁被高眠到畫間」句，借以發端，率成數章》，見胡應漢：《伍憲子先生傳記》，頁57。

視的「修身」之教的體現。[56]

伍憲子主理《世界日報》期間，伍憲子以夢蝶為名，致力反對國民黨，反對蔣介石（1887-1975），但不時也會藉論政而弘揚儒家理想。如1928年9月3日，伍氏便以《我的黨人觀》為題討論政黨人士應有的條件，提出了「黨德」、「黨義」、「黨範」之說。又指出身為黨人，其中應以「黨德」為最重要：

> 黨德者，黨人之人格所關。苟黨人而無黨德，則其人格已不能成立。聚一群無人格之人以為黨。其黨未有不崩潰者。故黨德實為黨人第一信條。何謂黨德？其始不趨利而入黨，其後亦不趨利而棄黨。[57]

在伍憲子眼裡，政黨的好壞不在於制度，而在繫於黨人的品格。由品格高尚之人合聚而成的政黨便能有黨德；反之，若由一群無人格之人聚合而為黨，則其黨難有不崩潰的。而所謂「黨德」者，是指個人的政治行為不以「利」為考量，無非是對儒家君子理想人格的要求。

除了較間接地弘揚儒家之道，伍氏也會把握任何傳揚孔道的機會。旅美時期，他曾應三藩市國學涵授學院的邀請講經學，並完成《經學通論》一書。[58]伍氏面對時艱，以實踐修身之教，以弘揚孔子之道來「完成自我」。不管孔子也好，《六經》也好，早已不是身外物，而是「自我」存在的

---

56 《荀子·修身篇》云：「扁善之度，以治氣養生則後彭祖，以修身自名則配堯、禹。」見王先謙撰，沈嘯寰，王星賢點校：《荀子集解（上）》（北京：中華書局，1996），頁21。

57 《世界日報》，1928年9月3日，第1張頁1。

58 據李大明在《經學通論》的〈序〉說：「明隨侍先生遍游各國，亦既有年。其在海外言論，著作等身。是書之作，成於庚午。蓋應三藩市國學函授學院之請也。」見伍憲子：《經學通論》，頁4。

憑藉，是「道」之所在。伍氏曾明言：

> 研究國學，當要知孔子。孔子為中國之大
> 聖。二千餘年來，如日月之經天，江河之行地。[59]

> 孔子六經之外，又安能謂無說常道者。但適
> 用不如孔子耳！吾人生在中國，不能不尊孔子，
> 尊孔子不能不尊六經。[60]

1935年，春，伍憲子離開三藩市，在氏著《美國游記》的著者近照中旁錄一詩，詩云：

> 七年避亂看亡國，寂寂金門博浪樓。
> 縱使文章驚美陸，空拋心力膳人頭。
> 家原有母當歸養，帝實無冠免乞休。
> 別後良朋如問訊，是真面目可長留。[61]

　　首聯既道出作者遊美之因，又以寓情於物，「寂寂金門博浪樓」一句，道盡並詩人在三藩市的心境。頷聯謂縱使自己在《世界日報》所寫的文章如何，但最後的作用也是徒然，字裡行間流露的盡是失意之情。在此筆者要補充一點，話說伍憲子遠走三藩市與舊金山致公堂的支持不無關係。[62]但自討袁運動以後，美國致公堂既因爭取會員、籌款，及後來涉及支持國內不同派系的緣故，美國洪門致公堂與當地國民黨的關係勢成水火。加上1930年以後，三藩市致公堂的領

---

59　伍憲子：《國學概論》，頁16。
60　伍憲子：《經學通論》，頁4。
61　伍莊：《美國游記》，「著者近照」。
62　伍憲子：《中國民主憲政黨史》，頁144-145。

導地位漸失，這一切也可能是使伍憲子倍感失望的原因。[63]

## 第五節　亂世傳道在香江

　　1936年，夏天，伍憲子回到香港。兩個月後，他應宋哲元的邀約到北京。在北京期間，伍憲子與國家社會黨主席張君勱會面，提及民憲黨與國社堂合併之議，並擬定草約。[64]1937年，春天，伍氏回港，待至5月返京。後來，蘆溝橋事變起，伍氏舉家移至天津英國租界，待至1940年，伍氏一家由天津取道南京回港。在途經南京之時，伍氏曾短暫逗留三天，並與汪精衞（1883-1944）晤談三次。[65]1941年，日軍攻佔香港，伍氏先後欲走避桂林和順德，不果。於是，他一直留港直到抗日戰爭完結。1935年，春天，憲政黨主席徐君勉（徐勤，1873-1945）在天津身故，伍憲子被推舉為黨主席。在日治時期，伍氏一家在港的生活還算得上平靜，沒有受到日軍滋擾。[66]

　　在日治時期，伍氏曾作一件事，特別值得一提。1945年，春，伍憲子與黃偉伯（1872-1955）、謝焜彝（1877-1958）、馮漸逵（1887-1966）組成碩果詩社。詩社開始之時，每兩星期在伍家聚會一次。碩果詩社的組成，一是傳承簡朝亮「以詩察治忽」的詩教，一是秉持孔孟之道的遺思。伍氏同門何紹莊曾言：

> 簡先生《讀書草堂明詩》，於歷代風雅之
> 作，闡微顯幽，尤斤斤明察治亂者，豈非以詩

---

63 有關致公黨與國民黨關係勢成水火及三藩市致公堂的起落，可見
　　陸國燊：《孫中山與美洲華僑：洪門致公堂與民國政治》，頁264-
　　265及頁277。

64 胡應漢：《伍憲子先生傳記》，頁18。

65 同上註書，頁19。

66 同上註書，頁19。

> 三百之序，無不性情中節，懿乎主文而聲成文者
> 哉？……碩果不食，為我心惻，古詩教之大義，
> 其將長留於宇宙之間乎？[67]

又黃偉伯於〈乙酉五月廿一日組成碩果詩社賦呈謝焜
彝、伍憲子、馮漸逵三人〉中亦申明詩社與孔孟之道的關
係：

> 天風吹已散，碩果幸猶存。一任滄桑幻，惟
> 知孔孟尊。
> 濂溪蓮繞宅，靖節柳垂門。寧學邵瓜繫，朝
> 朝自灌園。[68]

此外，在離世之前，伍氏作《重刊小雅樓詩文集序》，
亦流露秉承簡門詩教的堅持：

> 予念六十年來，詩教衰癸！學者抱殘守缺，
> 鮮能發揚大義，趨新者變成下劣詩魔，以致影響
> 政治。蓋新者失其溫柔敦厚之性情。……誦詩者
> 不論其世乎？爰本斯意為之序，是亦《讀書草堂
> 明詩》之義也。[69]

若說在亂世之時，伍氏組詩社是繼續「以詩察治忽」的
精神，毋寧說他們以組詩社為名，聯同一群志同道合之士，

---

67 何紹莊：《碩果詩社第八集序》，見李巽仿等編：《松桂堂集》
，頁80。

68 黃坤堯：〈香港詩詞中的人文景觀〉，見《香港詩詞學會》網
頁：http://www.hkscxh.com/pinglunshow.asp?id=30

69 鄧方著：《小雅樓詩文集》卷首，光緒二十六年（1900）刊
行，1962年重刊，頁3。現轉引自張紋華：《簡朝亮研究》，頁
106。

以承傳中國文化為精神寄託，來面對人力不能改變的困境。

　　1946年8月，張君勱（1887-1968）的國家社會黨與伍憲子的民主憲政黨結盟。[70]可惜，兩黨結盟不到一年，旋即以分裂告終，此事對民憲黨而言，當然是一大打擊。考民憲黨與國社黨合併之議，始於 1936 年。1936 夏，實際主持海外憲政黨事務的伍憲子回國：

> 　　在京，曾晤國家社會黨主席張君勱先生，提及民憲黨與國社黨合併之議，擬定草約；簽字者有張君勱、張東蓀、梁秋水、徐君勉、湯住心、羅隆基和伍憲子七人。[71]

　　此後不久，抗戰爆發，兩黨合併之議暫時停止。　1945年 4 月，聯合國成立大

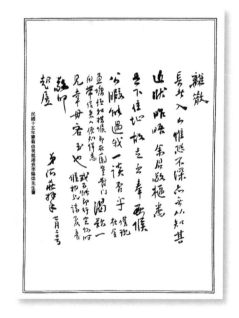

民國十五年憲黨由美延遷致李協像先生書

70 民國三十五年（1946）
　，11月11日，憲政黨在加
　拿大東方之滿城，召開全
　美黨員代表大會，改名為
　中國民主憲政黨，並選出
　伍憲子為主席，李大明為
　副主席。關於國家社會黨
　與民憲黨合併之議，實源
　於1937年「七七事變」
　前，伍憲子在美歸國，
　與張君勱相見於北京，並
　簽定草約。而兩黨合併之
　落實，則由李大明與張君
　勱於上海成其事。見伍憲
　子：《中國民主憲政黨黨
　史》，頁144。有關國社
　黨自民憲黨的淵源簡述，
　也可參考李家驥：《「國
　社」「民憲」骨肉團圓》
　，上海《新民報》，1946年8月27日，見中國第二歷史檔案館編：
　《中國民主社會黨》（北京：檔案出版社，1988），頁4-6。
71 胡應漢：《伍憲子先生傳記》，頁18。

會在三藩市召開，張君勱作為中國代表團成員之一出席。出席聯合國大會期間，民主憲政黨領導人李大明（1904-1961）等與張君勱商討合作之事，並獲得了協議。同年，召開的民主憲政黨大會上，議決與國社黨進行合併。 1946年，春，民憲黨上層派出李大明、李聖策、張鵬一（1867-1943）、譚沃出、陳義生等五人代表團到香港、廣州、上海訪問。他們先在香港取得該黨名義上的領導人伍憲子的首肯與支持。1946年 8 月中旬，中國國家社會黨與中國民主憲政黨在上海召開兩黨高層聯席會議，最後確定兩黨合併事宜。會議通過了兩黨合併並改名為中國民主社會黨案，由張君勱、伍憲子、張東蓀（1886-1973）、湯住心（湯薌銘，1885-1975）、李大明、梁秋水（？-1963）、潘光旦（1899-1967）、費孝通（1910-2005）等 72 人組成的中央組織委員會。大會選舉張君勱為中國民主社會黨主席。[72]

在「民社黨」成立之後，伍憲子繼續辦報刊以傳道。1947年，冬，他在香港創辦《人道週刊》，一方面宣揚民憲黨的政治思想，另一方面繼續弘揚孔道。1948年1月9日，《人道週刊》創刊號出版，伍憲子題詞云：

> 揮金結怨費精神，何事焦勞自在身。
> 為憫眾生淪大劫，敢將人道委輕塵。
> 眼前火海魚龍幻，亂後荒城草木春。
> 文字失靈天定悔，急驅時代轉風輪。[73]

在《題詞》的字裡行間，我們可見國社黨與民憲黨分裂一事，雖然對伍氏不無影響，但他以「人道」救世之心仍是堅定如昔。伍憲子在〈發刊詞〉明言：

---

72 「民社黨」成立的過程概括，可見尹濤：〈中國民主社會黨的成立及特點〉，載《民國檔案》（2009年2月），頁127-128。

73 伍憲子主編：《人道週刊》，第1期（1948年1月9日），頁1。

> 人道者，人權之根基，民治之主宰，欲求
> 民主，捨提倡人道莫由，人道無他，就是人與人
> 相滲透之道，人道者，民主人格也，必要有民主
> 人格，而後可以造成民主社會，與民主政治，民
> 主國家，否則君主既革、民主不成，祇便宜了官
> 主，所以提倡人道，為養成民主人格。[74]

　　由上引文可知，就政治角度而言，「人道」是「民主人
格」，「民主人格」是「民主社會」的根本。伍氏所言的「
人道」，一是取於《易》
之「立人之道曰仁與義」
，故其義為「仁義」；一
是人與人相處之道。[75]前者
可說是「人道」之體，後
者可說是「人道」之用。
伍憲子認為，只要打通人
類的同情心，人與人能以
「仁」為出發點，所謂「
一家仁，一國興仁；一家
讓，一國興讓」，最後，
社會就會進步，趨向大
同。伍氏常言，「道德即
政治，政治即道德」，即

是此意之謂。[76]在雜誌的創刊號，伍氏即以博浪樓主之名發
表〈仁是民主文化〉，而又在第二期發表〈仁為孔子學說中
心〉。[77]由此可見，伍憲子辦《人道週刊》，其最終目的，欲

---

74 同上，頁1。
75 同上，頁1。
76 伍憲子：《國學概論》，頁36。
77 伍憲子主編：《人道週刊》，第1期（1948年1月9日），頁11；及
　　第2期（1948年1月16日），頁13。

藉此以孔道喚醒人心:

> 　　民主政治之精神,其根本就是在個人修養,
> 其要個人有修養,然後團體有生活,否則團體是
> 一個形式,政黨是一個形式……其精神如何在,
> 就是在人與人之間,能互相認識,互相尊重,不
> 要祇見自己,不見他人,不要祇伸張自己的主
> 張,排斥他人之主張,不要強迫他人服從我,不
> 要欺騙他人附會我,必要活潑潑的在自由空氣中
> 互相認識其公共的信條,互相遵守具共同合作之
> 道德,夫是之謂民主精神……孔子學說,一面注
> 重個人修養,一面即注重團體生活,雖無現代之
> 民主形式,而有萬古不能背逆之民主精神,總言
> 之,就是民主文化,換言之,民主文化就是仁。[78]

　　按伍憲子所言,民主文化是「仁」,因為其注重人與人之間的認識與包容,也注重「公共信條」和「公共道德」的遵守。簡言之,前者就是由「仁」開展的「忠恕之道」;後者便是二程講「仁」之中「公」之精神的體現。可惜,《人道週刊》在同年的夏天便停刊,伍氏以孔道之仁寓於政治的設想又無法伸張。

　　若要傳揚孔子之「仁」以救世,除辦報刊雜誌外,伍憲子認為「講學」一途是不可或缺的。伍氏曾一再申說,「從講學以培養人才,用文化以支配政治」;「講學可以轉移風氣,漸可樹立一中心信仰」。[79]1927,秋冬,伍憲子為憲

---

78　博浪樓主:〈仁是民主文化〉,載《人道週刊》,第1期(1948年1月9日),頁13。

79　胡應漢:《伍憲子先生傳記》,頁94及87。

政黨黨務奔走於北京、天津、上海。[80]在同年的7月，伍氏仍應中華教育會葉蘭泉先生的邀請，在香港島梁輝台開講國學班，課程內容以經學、史學、文學和課文為主。[81]1951年，冬，伍憲子曾應台灣當局的邀請，一度赴台，並短暫留住。[82]回港後，伍氏在新亞書院講學三次，內容分別是「孔子學術在現代之價值」和「六經大義」。[83]其後，於1953年，伍氏又應學海書樓的邀請主講一系列有關孔子的講座：

| 講學日期 | 講學內容 | 資料出處 |
|---|---|---|
| 1953年6月7日 | 說明講孔子的原因 | 《華僑日報》1953年6月4日，第3張第4頁。 |
| 1953年6月14日 | 孔子在中國文化之地位 | 《華僑日報》1953年6月15日，第3張第3頁。 |
| 1953年6月21日 | 孔子傳略 | 《華僑日報》1953年6月23日，第1張第4頁。 |
| 1953年6月28日 | 孔子傳略 | 《華僑日報》1953年6月29日，第3張第1頁。 |

---

80　有關伍憲子為憲政黨奔走之事，可見1927年冬至日，伍莊《與任兄書》。其中，伍氏向梁啟超報告黨務。見丁文江、趙豐田編：《梁啟超年譜長編》（上海：上海人民出版社，1983），頁1158-1159。

81　《香港工商日報》，1927年6月14日，第三版。

82　1952年9月19日，伍憲子曾與胡應漢談及游台一事。胡謂有關伍氏游台，惹得流言四起。其一是伍氏收取了台灣政府三萬元；其二是說伍氏將應台灣之邀游美。伍氏謂：「台灣當局幾度相邀，台灣是中國反共基地，我何故不去，我平日雖不滿意國民黨之一黨專政，然為了反共，即無意算舊帳，即須並肩作戰。我去台即本此觀點而去。」，見胡應漢：《伍憲子先生傳記》，頁96。

83　伍氏分別在1951年11月15日及22日，在新亞書院講「六經大義」。據《華僑日報》載：「伍先生為廣東名宿，儒學博深，前曾在該講座（筆者按：新亞書院文化講座）講演『孔子學術在現代之價值』，重在明孔子學術與現代文化之關係。」見《華僑日報》，1951年11月15日，第2張第2頁

| 1953年7月5日 | 孔子學說 | 《華僑日報》1953年7月6日，第4張第2頁。 |
|---|---|---|
| 1953年7月12日 | 孔子學說 | 《華僑日報》1953年7月13日，第2張第4頁。 |
| 1953年9月6日 | 孔子人格 | 《華僑日報》1953年9月4日，第4張第2頁。 |
| 1953年9月13日 | 孔子人格 | 《華僑日報》1953年9月14日，第2張第4頁。 |
| 1953年9月20日 | 今後世界需要孔子 | 《華僑日報》1953年9月21日，第4張第2頁。 |
| 1953年9月27日 | 今日時代需要孔子 | 《華僑日報》1953年9月26日，第4張第2頁。 |

　　繼孔子講座後，同年的11月1日，伍氏又在孔聖堂講「孔子的進化論」。[84]接著，於12月13日，伍氏又應學海書樓的邀請講「《論語》源流」及「《論語》讀法」。[85]1956年，在垂暮之年的伍氏，仍致力以講學為務，履聯合書院講席，以提倡中國文化，發揚人道正義為職志。[86]

## 第六節　小結

　　自出身以來，伍憲子集記者、報人，政黨領袖於一身。伍氏「傳道」並非僅僅上承師訓，下挽狂瀾之舉，更非單單為在「傳道」活動中獲取「身份認同」。實然，伍氏「傳道」即是「求道」，也是「證道」。若從政治方面的成就觀之，不論是民國初年輾轉仕途，還是作為一黨之領袖，伍氏的成績表也是無甚足觀。但我們在伍氏的一身中，可窺見

---

84 《華僑日報》，1953年10月28日，第4張第1頁。

85 《華僑日報》，1953年12月14日，第4張第1頁。

86 伍憲子入聯合書院之證據，可見香港中文大學：《明德新民：聯合先賢書畫展》（香港：香港中文大學，2007），頁6。亦可參考李巽仿等編：《松桂堂集》，頁85。

一獨立人格的存在，而此人格的有無又可從其弘揚孔門之道
得到證成。中國古代儒者身在廟堂則憂其民，身在江湖則憂
其君。伍憲子一生所憂則是中國文化精神的有無，並國家人
民的素質，因為上述二者都與國家存亡脫不了關係。我們在
伍氏《答呂超然春夜寄懷之作》，可窺見作者對中國文化與
國民素質的關注：

> 復國今當後百年！亡人求實問蒼天。
> 既逢學絕非關運，豈有愚民可用權。
> 矛盾日攻頻斷脰，越秦相視枉摩肩。
> 但餘文物英靈在，難斬千秋未了緣。[87]

　　限於史料所限，我們實在無法還原伍憲子「傳道」之
旅的全貌。然而，我們從零碎的資料的拼湊中，亦可見伍氏
在垂暮之年，仍為實踐九江遺教和傳承孔道所作的努力。就
以著書為例，伍氏畢生著作二十一部，當中與經學有關的就
有七部。[88]在詮釋儒家經典的過程中，伍氏以個人生命的體
認和遭際，詮釋經典，從而遙契經典中的「道」。在詮釋經
典之時，詮釋者心中並非一片空白，而是自有一套價值系統
去推索經籍之「道」。[89]就如朱子（1130-1200）所言：「

---

87　胡應漢：《伍憲子先生傳記》，頁58。

88　據胡應漢所記，伍憲子撰寫有關經學的著作，有《孟子讀法》、
　　《論語讀法》、《詩之人生觀》、《尚書源流》、《講易記》、
　　《經學通論》。見同上註書，頁64。

89　如伍憲子在《經學通論》的〈《詩經大義》〉中論「詩可以興」
　　，舉《詩經·小雅·小宛》：「題彼脊令，載飛載鳴。我日斯
　　邁，而月斯征。夙興夜寐，毋忝爾所生。」和《詩經·鄭風·雞
　　鳴》：「女曰雞鳴，士曰昧旦。子興視夜，明星有爛。將翱將
　　翔，弋鳧與雁。」作為人之自強之正反論證。是時，伍氏身在美
　　國，獨力主持黨政黨黨務，在勢力孤危之際，講經傳道已成為一
　　種自勵勉人的行為，而以「自強不息」詮釋《詩經》，則是以心
　　中之「道」，體證聖人之道的明證。見伍憲子：《經學通論》，
　　頁68-69。

讀六經時，只如未有六經，只就自家身上討道理，其理便易
曉。」[90]誠如黃俊傑所言，這是一種「互為主體性」的解經
方法，一方面使經典中的「道」由於獲得異代解經者主體性
的照映而不斷更新其內容，在「時間性」之中使經典獲得「
超時間性」；另一方面則使讀經行動成為「尋求意義」的活
動，讀經者的生命不斷受經典中之「道」的洗禮而日益豐
盈。[91]筆者認為，解經者和經典的「互為主體性」關係，正好
說明伍憲子與儒家之「道」的互涉關係。

---

90 黎靖德編：《朱子語類》，卷11，〈敬仲錄〉，見朱杰人；嚴
　　佐之，劉永翔：《朱子全書》，第14冊（上海：上海古籍出版
　　社，2002）頁345。

91 黃俊傑認為這種「互為主體性」的解經方法「解經者與經典之間
　　常未能保持動態的平衡，而以解經者自己的生活體驗或思想系統
　　契入經典的思想世界，有時不免扞格難通而構成一種解經者的『
　　主體性的張力』。」見黃俊傑：〈儒家論述中的歷史敘述與普
　　遍理則〉，《儒家思想與中國歷史思維》（台北：臺大出版中
　　心，2014），頁149。

# 絞蔗與製糖
## ——香港鄉村糖廠歷史尋蹤

林國輝

香港歷史博物館

　　糖在今天看似是尋常不過的事物，但歷史上糖的使用和生產，卻與16至19世紀歐洲海外殖民地擴張有密切關係，中南美洲蔗園的開拓，基本上是為了滿足歐洲國家的食糖需求。[1]就中外貿易而言，糖是繼茶和絲以外，清廷另一項重要外銷品。1760年代至1880年代廣東、福建和台灣三地甘蔗種植面積不斷擴大，而糖的年出口量，更曾高達127萬擔。[2]

　　近代用以生產蔗糖的甘蔗（Saccharum officinarum），最先在新畿內亞被培植為農作物，[3]而其傳入中國的時間，估計是在3世紀左右，由印度東部或東南亞引進，[4]而據季羨林的研究，中國生產蔗糖的歷史，應在三國至唐朝的某一個時

---

1　Sucheta Mazumdar, *Sugar and Society in China: Peasants, Technology, and the World Market* (Cambridge (Massachusetts): Harvard University Press, 1998) pp. 13-14, pp. 49-50 & pp. 62-66.

2　周正慶，《中國糖業的發展與社會生活研究——16世紀中葉至20世紀30年代》(上海：上海古籍出版社，2006年)頁80至94。

3　Sidney W. Mintz, *Sweetness and Power: The Place of Sugar in Modern History* (New York: Penguin Book, 1986, p. 25

4　Sucheta Mazumdar, *Sugar and Society in China: Peasants, Technology and the World Market*, p. 15.

期開始，[5]而史籍記載唐太宗遣使到印度學習煉糖之法，主要是為了要改良中國既有的熬製沙糖技術。[6]從文化史的角度來觀察，引進甘蔗和完善製糖技術都是中外文化交流的結果。

甘蔗生長於年平均溫約20至30℃，年降雨量多於1,500毫米的地區，並以排水良好的砂土為佳。香港屬於亞熱帶氣候，境內丘陵起伏，而平緩的坡地正適合種植甘蔗，至今香港地圖上「較寮」，「較寮下」，「塘坊」、「高塘」等村名，都與製糖活動有關，是本地農村製造業留下的歷史印記。香港太古糖廠成立之初，在原糖需求增加的情況下，一度令華南蔗田和製糖作坊數量大增。[7]19世紀末糖業利潤豐厚，境外蔗園在本地報紙刊登廣告，越洋招聘香港的煮糖師傅。（圖一）然而在機械化製糖的競爭下，本地鄉村糖廠最終走向式微。筆者希望透過這篇短文，利用多年前實地考察和訪問所得的資料，對本地傳統製糖技術和糖廠經營方式作扼要介紹。

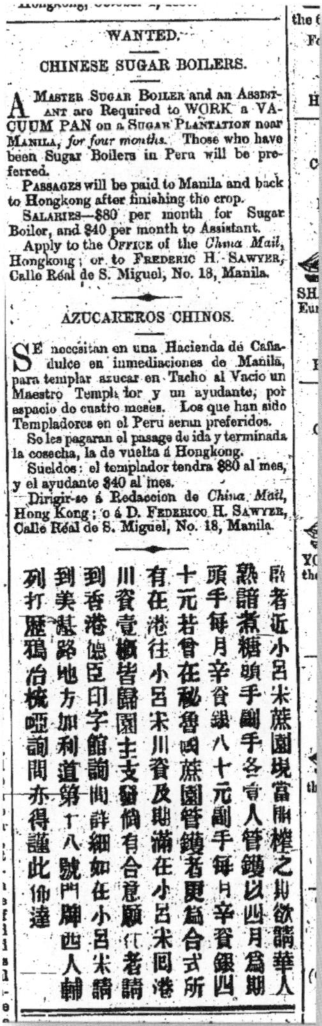
WANTED.

CHINESE SUGAR BOILERS.

A MASTER SUGAR BOILER and an ASSISTANT are Required to WORK a VACUUM PAN on a SUGAR PLANTATION near MANILA, *for four months.* Those who have been Sugar Boilers in Peru will be preferred.

PASSAGES will be paid to Manila and back to Hongkong after finishing the crop.

SALARIES—$80 per month for Sugar Boiler, and $40 per month to Assistant.

Apply to the OFFICE of the *China Mail*, Hongkong; or to FREDERIC H. SAWYER, Calle Réal de S. Miguel, No. 18, Manila.

AZUCAREROS CHINOS.

SE necesitan en una Hacienda de Caña-dulce en inmediaciones de Manila, para templar azucar en Tacho al Vacio un Maestro Templador y un ayudante, por espacio de cuatro meses. Los que han sido Templadores en el Peru seran preferidos.

Se les pagaran el pasage de ida y terminada la cosecha, la de vuelta á Hongkong.

Sueldos: el templador tendra $80 al mes, y el ayudante $40 al mes.

Dirigir-se á Redaccion de *China Mail*, Hong Kong; o á D. FEDERICO H. SAWYER, Calle Réal de S. Miguel, No. 18, Manila.

啟者近小呂宋蔗園現當開榨之期欲請華人熟諳煮糖頭手副手各壹人管鑊以四月為期頭手每月辛資銀八十元副手每月辛資銀四十元若曾在秘魯國蔗園管鑊者更為合式所有在港往小呂宋川資及期滿在小呂宋回港川資壹概皆歸園主支發倘有合意願往者請到香港德臣印字館詢問詳細如在小呂宋請到美基路地方加利道第十八號門牌西人輔列打歷鴉治機啞詢問亦得謹此佈達

圖一：菲律賓蔗園在招聘煮糖師傅的廣告，見《德臣西報》（*The China Mail*）1881年11月30日。

5 季羨林，《文化交流的軌跡——中華蔗糖史》（北京：經濟日報出版社，1997年），頁67。

6 同上引書，頁100。

7 Sucheta Mazumdar, *Sugar and Society in China: Peasants, Technology and the World Market*, p. 354.

## 清代廣東的製糖業

　　清初屈大均《廣東新語》內提到多種不同名稱的糖製品，有些是用於「吉凶之禮」，有些是用作「雜食」，直指「大抵廣人飲饌多用糖」，[8] 並對廣東製糖業作詳細記載：「糖之利甚溥，粵人開糖房者多以致富，蓋番禺、東莞、增城糖居十之四，陽春糖居十之六，而蔗田幾與禾田等矣。……蔗之甘在幹在庶也。……榨時。上農一人一寮，中農五之，下農八之十之，以荔支木為兩轆，轆轆相比若磨然。長大各三四尺。轆中餘一空隙。投蔗其中，駕以三牛之牯，轆旋轉則蔗汁洋溢，轆在盤上，汁流槽中。然後煮煉成飴，其濁而黑者曰黑片糖，清而黃者曰黃片糖，一清者曰赤沙糖，雙清者曰白沙糖。……最白者以日曝之，細若紛雪。售于東、西二洋，曰洋糖。次白者售于天下，其凝結成大塊者，堅而瑩，黃白相間，曰冰糖，亦曰糖霜。」[9] 范端昂《粵中見聞》也有相近的記載，分別祇在「駕以二牛之牯。」[10]

　　錢以塏《嶺海見聞》則寫道：「榨糖之法，用堅木為兩轆，高三尺五、六寸，規而圓之，徑闊二尺許。兩轆相比，中空鑄隙，投蔗入隙，駕以二牛，鞭牛運行，則轆隨旋轉。蔗汁下注槽中，其蔗汁皆名糖清……糖清用雞子清、豬膏合煮煉成，貯于糖漏。……久之啟視，其上近土封者如黃沙，曰結糖，次曰三白，二白居中，則為白糖。……洋糖精瑩如雪，售于東、西二洋。」[11]

　　從上引文中可見，東莞及番禺等與香港相鄰的地區，皆開設有糖廠，廠中設備包括一組兩個由荔枝木製成的木絞轆，

---

8　屈大均，《廣東新語》（北京：中華書局，1985年），頁389。

9　屈大均，《廣東新語》，頁689至690。

10　錢以塏，《嶺海見聞》(兩淮馬裕家藏本)，卷三，頁37。

11　范端昂，《粵中見聞》(廣州:廣東高等教育出版社，1988年)，頁286。

把甘蔗放入絞轆內，以牛運行令絞轆旋轉，即可榨出蔗汁來煮糖，與明代《天工開物》所描述的方法相近（圖二），只是用牛的數目各有不同，而製成的糖有不同品類，最上等者用作出口，稱作洋糖。當時廣東的富農可以一戶獨資經營一個絞寮，而中農及貧農則要數戶合資才可建立絞寮，由於糖的利潤甚為豐厚，廣東地區製糖致富者甚多。華南地區傳統絞寮的結構，可參看魯道夫・霍爾梅（Rudolf P. Hommel）1930年代在江西實地拍攝的照片。（圖三）

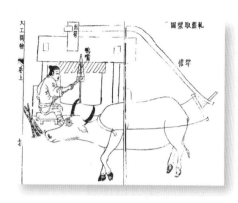

圖二：〈軋蔗取漿圖〉，原載於宋應星《天工開物》（1637年刊本）。

　　有科技史研究者認為垂直放置的木轆絞磨約於17世紀初最先出現在中國，可能是按印度另一種橫式絞轆的設計改良而成，後來由華商引進到菲律賓，在1613年前後耶穌會傳教士出版的西班牙語─他加祿語字

圖三：1930年代江西建昌（Kien Chang）所見的石製絞磨和絞寮結構，轉引自Rudolf P. Hommel, *China at Work: An Illustrated Record of the Primitive Industries of China's Masses, Whose Life is Toil, and thus an Account of Chinese Civilization* (New York: The John Day Company, 1937), p. 114.

典中，就有相關條目，並估計這種裝置後來透過耶穌會傳教士而被介紹到中美洲的蔗園中使用。[12]

---

12　Joseph Needham, Christian Daniels, Nicholas K. Menzies, *Science and Civilisation in China: Volume 6, Biology and Biological Technology, Part 3, Agro-Industries and Forestry* (Cambridge: Cambridge University Press, 1996) pp.322-332.

## 香港傳統製糖業的歷史及製糖作坊的分布

嘉慶廿四年（1819）編的《新安縣志》中，僅有數十字提及當時香港的製糖業：「蔗有二種……冬時榨汁煮煉成糖，其濁而黑者曰黑片糖，清而黃者曰黃片糖，其白而細者曰白沙糖。」[13]香港於1842年被割讓予英國後，殖民地政府對新安及東莞兩縣的糖業亦甚為留意[14]，到1898年英國強租九龍半島北部的「新界」後，港督卜力（Sir Henry Arthur Blake）隨即派員往新界調查，發現當時新界共有81台絞寮，甘蔗種植的面積達750 英畝，總產值達175,000港元，其中四分一的糖產為當地村落使用，其餘則外銷至香港島及廣東。傳統製糖是勞力密集的生產活動，報告亦記載，當時製糖所得的收入，半數用於支付絞寮工人的薪酬及其他開支。[15]

卜力對新界的製糖業興趣甚大，認為可以加以開發利用，他在1899年到訪屏山會見當地父老時，特別提到製糖業的情況，[16]之後他甚至從夏威夷及爪哇引入新的品種，在屏山進行試種，並希望利用從外地輸入的機械糖磨取代原始的糖

---

13　王崇熙，《新安縣志》（嘉慶24年（1819）），頁93。

14　"Reports Exhibiting the Past and Present 1849," in *Hong Kong Annual Administration Reports, 1841-1941* (London: Archive Editions, 1996), Vol.1, pp. 101-105.

15　Hong Kong Report for 1899, in *Hong Kong Annual Administration Reports, 1841-1941*, Vol.2, p.229.

16　"Report of a visit by Governor Blake to the New Territories" (letter to Mr. Chamberlain dated August 16, 1899), in *Correspondence respecting the extension of the boundaries of the Colony* (London: Her Majesty's Government, 1900).

磨，以增加產量，但這兩個試驗最後都以失敗告終。[17]官方報告表示，元朗居民不滿機械榨汁機把甘蔗絞得太爛太碎，剩下的蔗渣不適合用作燃料發售，令他們收入大減。[18]

　　過往的政府報告視元朗為甘蔗種植的主要產區，但從書刊和筆者過去訪問所得的資料顯示，上水及西貢地區亦有甘蔗及蔗糖出產，不過仍以元朗為最大宗。（新界糖廠遺跡分佈見附表一）然而本地糖廠的圖片資料甚為缺乏，最早的資料見於1934年的《香港博物學家》（The Hong Kong Naturalist）雜誌，書內轉載了1893年一位外國人在香港仔（Little Hong Kong）所見的石蔗磨繪圖，並附有尺寸資料。[19]（圖四）1970年代香港大學建築系師生在西貢進行古建築及村落史跡調查時，亦曾對當地發現的蔗磨

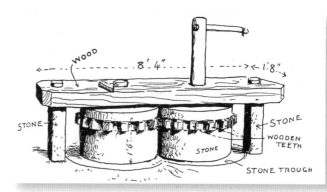

圖四：1893年香港島上成組的石絞磨，原載於《香港博物學家》（*The Hong Kong Naturalist*），1934年11月號，頁193。

---

17　"His Excellency the Governor suggested that some Chattanooga Sugar Mills should be obtained from America to demonstrate to the sugar growers the advantages of using Western machinery in place of the primitive in use. ……By His Excellency the Governor's instructions improved varieties of sugar cane are also being obtained from Java, the Straits Settlements, and Honolulu, and I have made arrangements for Mr. TANG HING-TONG to receive and cultivate them during the ensuing season." In Report on the New Territory at Hong Kong, 1899, in *Hong Kong Annual Administration Reports, 1841-1941*, Vol.2, pp.283-284.

18　"Hong Kong (New Territory) 1901" in *Hong Kong Annual Administration Reports, 1841-1941*, Vol.12, pp.314-315.

19　"Hong Kong: Some Early Notes on Its Natural History," by A. H. Crook and L. Gibbs, in *The Hong Kong Naturalist*, Vol. 5, No.1 (March 1934), p.193.

遺跡繪圖作紀錄。[20]現今東京外語大學藏有數幅約繪於1860年的「中國製糖圖」，記載了收割甘蔗、絞蔗製糖，以及運輸和發售的每一個步驟，圖中蔗園內工作的農婦頭戴客家涼帽，似為廣東一帶村落糖廠的情況。[21]

石製絞磨在18世紀末已見普及[22]，從上引的圖像資料可見，19世紀華南及香港地區的蔗磨都是以石打製的，而石轆的高度較矮，直徑較大，與文獻所載的荔枝木轆有著極大分別。石磨雖然較耐用，不像木轆般容易受蟲蛀或受風雨侵蝕而朽壞，但其需要更大的驅動力才能轉動，所以要徵用多只牛輪班工作，才能配合生產，[23]可以想知其在生產過程中的投入較早期木轆作坊為高。

## 傳統糖廠的經營——以元朗山下村為例

### 山下村的糖廠

香港的傳統糖廠遺址，以元朗屏山鄉山下村保存得最多及最好。香港政府1960年出版的《香港地名誌》所載，全村只有825人[24]，但據父老憶述，過往村內曾先後出現過約13所糖廠，最高峰期曾有三所糖廠同時運作。現今尚可認出的糖廠名字有：「中心寮」、「老寮」、「高地寮」及「新寮

20 *Survey of Chinese Historic Rural Architecture in Sai Kung District New Territories*, by Antiquities and Monument Section, Urban Services Department and Department of Architecture, The University of Hong Kong (1977), p. 29.

21 該批圖像載於唐立(Christian Daniels)著，《雲南物質文化‧生活技術卷》（昆明：雲南教育出版社，2000年），頁240至249。

22 Sucheta Mazumdar, *Sugar and Society in China: Peasants, Technology and the World Market*, pp158-159.

23 同上。

24 *A Gazetteer of Place Names in Hong Kong, Kowloon, and the New Territories* (Hong Kong: The Government Press, 1974) p. 168.

仔」。其中以新寮仔的成立時間最晚，約建於1920年代，而山下村糖廠雖面臨現代化糖廠低廉片糖的競爭，但仍屹立至1950年，由於遇上連年大旱，作物失收，才不得不停業。（圖五及六）

圖五：元朗屏山鄉山下村絞寮遺跡，攝於2000年。

據筆者過去考察及訪問所得，山下村的製糖作坊可分為蔗場、絞寮及糖廠三個部分。蔗場是絞寮外的空地，用作暫時存放新割下的甘蔗，村民在這裏先把甘蔗削根去葉，再送到絞寮榨汁。絞寮內放置有一組兩個石轆連石

圖六：元朗屏山鄉山下村糖房遺跡，攝於2000年。

底盤，石轆由兩只牛推動，工人只要把蔗放入，便可壓榨出蔗汁。蔗汁會用木桶盛載，每桶重約百斤，滿兩桶就交予煮糖師傅煮糖，而蔗渣則可用作煮糖的燃料。如果要向別人租用牛隻，則要繳付租金，稱為「牛糖」。走內圈的牛一日要糖三斤，外圈的則要三斤半。絞寮雖位處室外，但村民在絞蔗時，會蓋搭草棚以阻擋風雨侵襲，製糖季節完結，才把草棚拆去。

糖廠是煮糖及製片糖的地方，煮糖用的灶位於室外，灶上可放置三個大鍋，蔗汁經第一鍋至第二、三鍋，期間加入

蠔灰、紅薯及生油等，以沉澱蔗汁中的雜質，全程需要倚賴煮糖師傅的經驗，才可煮出清澈而濃度極高的糖漿。製片糖的工序則在小屋內進行，屋內設有木床，床上放置草蓆，工人把糖漿傾倒蓆上冷卻，再切割成片糖，便可放入瓦缸中儲存和運到墟上販賣。

## 糖廠的經營方式

　　山下村的糖廠有些是由同一房人所擁有，另一些則以股分制經營。與《廣東新語》所說相符合，由於絞寮一日只可榨廿四桶「水」（蔗汁），糖廠股分也以廿四股或十二股為單位，這種安排是為了方便分配佔用絞寮的時間。

　　1999年村中曾經貼出告示，因事重新申明其中一個糖廠的股分分配。該糖廠股權共廿四分，每持有一股者，可使用糖廠半日，即煮十二桶水，佔兩股者可用一日，即煮廿四桶水。如此類推。從告示開列的名字可知，當中最大的股東一人，佔四股，可用兩日，另四名股東各佔兩股，每人可用一日，至於餘下的十二位股東都衹持有一股，各佔用糖寮半日。事實上，十七位具名股東只佔用了糖廠十二日，共煮288桶水，其餘時間糖廠可租予其他村民。

　　糖廠股東除了可以把製成的糖出賣營利外，出租使用權也是謀利的重要途徑，再者，絞蔗時剩餘的蔗渣可作燃料，煮糖時產生的渣滓也可賣作豬隻飼料。所以，糖廠確實是有利可圖的事業。

　　新界其他村落的糖廠遺址，至今已難以辨識，但從鄉村流傳的詩文中，仍可看到過去「糖房」及「絞寮」的輝煌歷史。例如上水鄉廖潤琛所輯的《萬石堂祭祀用品及村中對聯》中，就有「較寮對」兩對：「白鑊每從甜處得，黃金多自爽中來；往來都是甜中客，出入無非爽利人。」、「百物

平安皆爽氣，一寮和合亦精神。」[25]另《上水廖氏廖翕和抄村中對聯》有「校寮對」：「局緊機圓音正雅，雲蒸霞蔚氣猶甘，諸如寮中經取汁，甘漿釜內易成飴。」和「糖房對」：「世界共慶含飴樂，境況同欣啖蔗佳。」[26]其中不獨描述了了辛勞後換來甜味，以及享用甘蔗和糖類製品時所帶來的歡樂，更用優美的文字形容石磨絞蔗時發出的聲音和煮糖時四溢的蒸氣和味道，從中可想像昔日上水製糖業的興盛。

屯門陶福添謄寫的《適用對聯》中，則有「糖寮、絞寮對」三對：「牛強力壯惟十二，糖麗價高過三千。」、「吉日開寮糖善價，良辰安絞物生財。」、「絞聲和平臨大有，寮場吉慶益同人。」更難得的是，書中保留了昔日祭祀「糖寮祖師」所用的款額，從中可知昔日神壇橫書：「身壯力健」，正中寫有「敬如在」，左右則為對聯：「神德如山重」及「財源似海深」。[27]與上水所用楹聯不同之處，是其中突出了製糖帶來豐厚利潤，是村民重要的財政來源。

## 結　語

糖在日常生活裏佔著十分重要的地位，因糖可以產生熱量，而甜味則可帶來愉快的感覺。有西方研究者指出，糖有五個主要功用：醫藥、調味、裝飾、甜味來源和醃製食品。[28]中國歷史文獻所載糖的用途，亦有可以相對應之處，前人對此已作了大量研究，這裏不作重複，[29]但值得留意的

25　廖潤琛輯，《萬石堂祭祀用品及村中對聯》(成書年份未見)。

26　《上水廖氏廖翕和抄村中對聯》(成書年份未見)

27　陶福添輯，《適用對聯》（1988）。

28　Sidney W. Mintz, *Sweetness and Power: The Place of Sugar in Modern History,* p.78.

29　可參看上引季羨林和周正慶的論著。另可參看　Joseph　Needham, Christian Daniels, Nicholas K. Menzies, *Science and Civilisation in China: Volume 6, Biology and Biological Technology, Part 3, Agro-Industries and Forestry*, pp.55-87.

是，本地農村亦會直接透過食用糖水以攝取熱量。衹因傳統農村社會裏，農民所生產的稻米多用作交取田租，或運到市場販賣，以換取金錢來購置日用品或贖還欠債。過去他們日常消耗的多是質地粗糙的碎米，而吃糖水替代吃米飯，成為了減低食米消耗的其中一個選項。以山下村為例，據說昔日村民多於晨曦初現就到田中工作，習慣於每日早上11時左右吃蕃薯糖水以補充氣力。

　　另外，糖在傳統禮儀中所扮演的角色卻較其他食物為重，尤其在過年時，做湯丸、年糕、煎堆、油角、茶粿、炒米餅、米通，以及煮盆菜都要用糖，接待客人則要準備賀年糖果，其中包括糖蓮藕、糖蓮子及糖冬瓜等。廣東人以「甜頭」形容好處、利益，謝灶時也要奉上片糖，希望藉此令升天述職的灶君替自己多說好話。

　　據《新安縣志》中載，昔日本地居民遇有嫁娶，女方家中必須備有「糖梅」，「糖梅」就是以糖醃製的梅子。[30]《廣東新語》對此禮俗亦有論述，指廣東人嫁娶時準備的糖梅，「多者至數十百罌，廣召親串，為糖梅宴會。」[31] 至今糖梅宴已經難得一見，但嫁女餅仍然是婚嫁時必備的禮物，無論是潮州族群所送贈的花生糖和芝麻糖，又或是本地族群所用紅菱和黃菱等，都是用糖製成的甜食。再者，過去男家過大禮時，女家回禮禮物中要包括一些以白糖和糕粉造成的細小人物、動物和樓閣，稱為「嚮糖」。到了新娘過門當天，男家派出的迎親行列中，也要有成枱的「嚮糖」隨行。[32]由此可見，糖在傳統婚俗中有著獨特的地位，而喜餅等甜食對廣東人而言，包含有吉慶、吉祥的意義。

　　食品的選擇從來都不衹是為了果腹，背後還要依循所

---

30　王崇熙，《新安縣志》（嘉慶24年（1819）），頁76。

31　屈大均，《廣東新語》，頁390。

32　袁洪銘，〈東莞婚嫁禮俗之記述〉，周康燮主編，《廣東風俗綴錄──廣東文獻專輯之二》（香港：崇文書局，1972年），頁210及頁218。

屬社群的文化規範和制約，飲食偏好、食用方法和對食品的認知，都是社群成員確認彼此關係的參考。[33]從這個角度考察，在未有機械製糖的時代，鄉村絞蔗製糖不獨是為了解決飲食的問題，更是為了使傳統民俗生活完善的必要手段。

附表一

| 地區 | 村名 | 糖廠數目 | 製糖活動痕跡 | 資料來源 |
|---|---|---|---|---|
| 北區 | 上水圍 | 未知 | 石磨三個於祠堂側 | 實地考察所見 |
| | 龍躍頭 | 未知 | 石磨配件為博物館收藏 | 博物館藏品紀錄 |
| | 金錢村 | 兩間 | 石磨兩個於小巴站側 | 博物館2002年3月26日侯先生訪問 |
| | 木湖村 | 未知 | 石磨兩個於村口 | 實地考察所見 |
| | 簡頭村 | 未知 | 石磨兩個於村公所外 | 實地考察所見 |
| 西貢 | 白沙澳 | 一間 | 絞蔗石磨一套為博物館收藏 | +Survey, p.38. |
| | 海下 | 一間 | 絞蔗石磨一套為博物館收藏 | 博物館藏品紀錄 |
| | 山寮 | 一間 | 有待實地考察 | +Survey, p.132. |
| | 大藍湖 | 一間 | 石磨兩個於小徑旁 | 實地考察所見 |
| | 大腦村 | 一間 | 石磨連磨盤一套於村中 | 博物館2001年10月24日曾先生訪問 |
| | 北港坳 | 兩間 | 村中於1970年代仍保存有糖廠遺址 | +Survey, p.158，運作至1925年左右停止。 |
| | 嶂上 | 未知 | 有待實地考察 | #司馬龍，頁80。 |
| | 高塘 | 三間 | 石磨於村旁 | #司馬龍，頁62。 |
| | 井欄樹 | 一間 | 石磨已作建屋地基 | 博物館2001年11月22日邱先生訪問 |
| 元朗 | 唐人新村 | 未知 | 有待實地考察 | 博物館2001年11月1日鄧女士訪問 |
| | 山下村 | 三間 | 糖廠遺址於村中 | 實地考察所見 |
| | 沙江圍 | 三間 | 石磨兩個於圍門處 | 博物館2002年3月24日訪問 |
| | 白沙村 | 一間 | 石磨兩個於村後 | 實地考察所見 |
| | 東頭村 | 未知 | 石磨兩個於村中 | 實地考察所見 |
| 沙田 | 隔田村 | 未知 | 石磨兩個於村中 | 實地考察所見 |

@@附表資料來自2000年前後的考察和研究，有待進一步豐富和更新。

+*Survey of Chinese Historic Rural Architecture in Sai Kung District New Territories*, by Antiquities and Monument Section, Urban Services Department and Department of Architecture, The University of Hong Kong, 1977.

#司馬龍，《新界滄桑話鄉情》（香港：三聯書局，1990年）。

---

33　Sidney W. Mintz, *Sweetness and Power: The Place of Sugar in Modern History*, p.4.

# 從私塾到公立：新界村校發展初探

黃競聰　鄭詠甄　鍾睿維

長春社文化古蹟資源中心

## 前 言

　　2020年12月，長春社文化古蹟資源中心(以下簡稱：CACHe)獲香港特別行政區政府「藝能發展資助計劃」的資助，推行為期兩年「香·校變奏」計劃。2021年11月，CACHe舉行了中期研究成果展覽，名為〈歌山水樹人：村校記憶展〉(以下簡稱：村校展)，大膽地以校歌作為開啟村校記憶的鑰匙，透過藝術重鑄村校情懷，運用校友文物和

《歌山水樹人：村校記憶展》借用了青衣漁民子弟舊址作展覽場地

史料娓娓道出村校興衰，引領大眾思考村校持續發展的可能性。村校展借用了青衣漁民子弟學校舊址，作為展覽場地，並分為主展館、副展館和戶外展場。是次文章，主要運用了主展場蒐集得來研究成果，稍加整理，藉着闡述四間村校歷史，分析新界村校發展的興衰。

## 村校簡介

是次村校展，共研究五間村校[1]，其中四間村校與當地私塾有密切關係，將會本文重點分析的研究對象。此外，以下此四間村校有共同特點：

1. 此四間村校均位於新界西部。
2. 它們均受《整統政策》影響，相繼於2003年以後停辦。
3. 它們均未獲歷史評級，部份的更已規劃，即將拆卸。

## 葵涌公立學校

葵涌古稱葵涌子，其命名由來是因該地海灣形似葵扇，其地名最早見於明萬曆年間出版之《粵大記》。[2]復界以後，客家人紛紛在該地開業建村，葵涌位屬新安縣五都，其中下葵涌歷史最為悠久，屬於雜姓村落。[3]新界租借初期，葵涌對外陸路交通不便，多依靠水路交通，因此區內發展不如理

---

1 村校展研究的學校包括：青衣漁民子弟學校、葵涌公立學校、青衣公立學校、橫州公立學校和大欖涌公立學校。是次論文則沒有引用青衣漁民子弟學校的資料，因為它的成立的背景與本文討論主題有些不同，故只集中討論其餘四間。

2 (明)郭棐《粵大記》卷三十二政事類政防卷末廣東沿海圖香港部分。

3 村民以姓傅、曾、陳和鄧為居多。清朝中葉以後，該區治安不靖，海盜橫行，部份村民遷徙至河涌的上游，建立上葵涌村。

想。葵涌村民以種植菠蘿為業。[4]1930年代，當地人稱下葵涌為中葵涌。[5]按《新界各村及村代表總名錄》，葵涌隸屬荃灣鄉，村落有上葵涌、中葵涌和下葵涌。[6]自1960年代，葵涌進行大規模的填海工程，修建高速公路，規劃為工業區，興建大型屋邨。1985年，葵青區從荃灣區劃分出來，獨立成為一個行政區。

葵涌公立學校建有昆才學校紀念堂

葵涌公立學校前身是昆才學校，建於1945至1946年間，位於圳邊村，是由傅氏家族開設的私塾。後來，傅氏捐出校舍，葵涌村民籌集資金，1952年建成葵涌公立學校。新校舍位於青山道電力公司對面山丘，校舍有一座「昆才紀念堂」，紀念創校先賢。[7]1963年，政府在下葵涌村收地發展，原村遷徙，並建成下葵涌公立學校。上世紀70年代末，葵涌公立學

4　從前葵涌村民以種植菠蘿為業，今城門水塘一帶闢為菠蘿園，成為一時之名物。後來殖民地政府以衛生為由，禁止菠蘿切開販賣，菠蘿的生意一落千丈。

5　上葵涌有黎木壽、昂磡、圍凹、大白田、油麻磡、禾田嘴六村，下葵涌則有圳邊、橫龍仔、炭廠、大連排、沙壩笪、芒樹下等村落。詳見黃佩佳：《新界風土名勝大觀》，(香港：商務印書館(香港)有限公司，2016)，頁234-238。

6　李祈編：《新界概覽》，(香港：新界出版社，1954)，頁127-131。

7　有趣的是，校歌原屬廣州培英中學，因其中一位創校校董曾任廣州培英中學校長，直接將培英校歌變成該校的校歌，只將歌詞中的校名簡單換成該校校名。

校收生日減，學生只餘數十名，並採用複式形式授課，即將來自兩個或兩個以上的年級之學生編成一個班級。2007年，葵涌公立學校正式停辦，並計劃拆建公營房屋。

## 青衣公立學校

青衣位於荃灣之南面，東邊是昂船洲，西邊是馬灣。《粵大記》稱此島為春花落[8]，亦稱青衣潭。[9]道光年間，清廷曾在青衣設立軍事駐地。英國租借新界初期，將新界分成八約，青衣屬西島洞約，約四百名客家人聚居。[10]按1956年《青衣島姓氏開居源流表》，記載了八村落，以鄧、陳二姓居多。[11]自1960年代起，青衣大興土木，填海收地，不少村落被逼搬遷，走向重工業發展，區內建有發電廠、貯油庫、電機廠和青衣船塢等。[12]1974年，青衣大橋正式通車，貫通了葵青兩岸的陸路交通。時至今天，青衣已有八條大橋，對外交通非常便利。1990年代，為配合香港赤鱲角國際機場，機場鐵路網絡亦覆蓋大嶼山北部，青衣亦成為其中一站。

青衣公立學校建於1938年，被譽為「青衣教育搖籃」。1970年代大規模發展之前，島上商業中心為青衣墟，被稱為青衣大街，有超過20多間商店。[13]大街由青衣島東北

---

8　(明)郭棐《粵大記》卷三十二政事類政防卷末廣東沿海圖香港部分。

9　青衣地名由來眾說紛紜，有一說是地貌似青衣魚，也有一說是從前水域盛產青衣魚，更有指是秤衣之轉音等等。詳見黃佩佳：《新界風土名勝大觀》，(香港：商務印書館(香港)有限公司，2016)，頁26。

10　The Hong Kong Government Gazette, 27th May, 1899, p. 816-817; The Hong Kong Government Gazette, 8th July, 1899, p. 1069-1078

11　香港歷史檔案館：HKRS634-1-7，《青衣島姓氏開居源流表》，1956年6月4日。

12　1950年代中期，青衣、流浮山和坪洲合稱三大窰業中心，當中青衣有磚窰和灰窰五間，工人超過數百，供給全港建築工程之用。詳見李祈編：《新界概覽》，(香港：新界出版社，1954)，頁149。

13　青衣島最繁榮的地方莫過於青衣舊墟，又稱青衣大街，有超過20多間商店。

面的碼頭伸延至內陸，青衣公立學校的舊校舍便是位於大街街尾。當時青衣交通不便，對外只能依靠街渡和渡海小輪，學生多為青衣島上居民，如青衣四村、新福村等。每年天后誕和真君誕，島上例必禮聘戲班，演出神功戲，戲棚的位置正好位於學校操場。神誕期間，鑼鼓喧天，學生則因此賺了數天假期。1980年初，青衣進行大規模填海工程，新校舍搬遷到長康邨旁。2008年，青衣公立學校因收生不足，被迫停止辦學，校址現為職安健學院。

## 橫州公立學校

　　橫州位於新界西部屏山鄉，昔日原是元朗墟以西的臨海之地。[14] 橫州由六條鄉村組成，分別是林屋村、忠心圍、東頭圍、福慶村、楊屋村和西頭圍。道光年間，清廷設立營汛，駐兵十名，維持治安。英國租借新界初期，橫州隸屬元朗區屏山約，橫州約有八百多人口，受北約理民府管轄。橫州居民多以種蠔或捕魚為業，漁獲會運往元朗墟擺賣。[15] 香港重光以後，橫州六村隸屬屏山鄉，1978年政府動工，將其闢為工業區。每逢八年橫洲鄉會舉行一次太平清醮，祈求陰安陽樂，合境平安。

　　1955年，橫州公立學校落成，佔地兩萬餘尺，建有六個課室，可以容納250多個學生。學校校徽六環相扣，象徵六村團結。學生除了來自原本六條村落外，1980年代末吸引新落成的朗屏邨居民子弟入讀。對村民而言，打醮屬於整個鄉的大事，他們會有錢出錢，有力出力。每逢橫州六村打醮，橫州公立學校亦會派出學生參與巡香活動。2005年，學校難

---

14 「橫州」一名最早見於康熙廿三年（1685）間杜臻的《粵閩巡視紀略》，其後出版之縣志記錄橫州隸屬新安縣第五都，為官富司管屬村莊。

15 黃佩佳：《新界風土名勝大觀》，(香港：商務印書館(香港)有限公司，2016)，頁43-44。

逃收生困難的命運，正式宣佈停辦，而校址則荒廢至今。

## 大欖涌公立學校

　　大欖涌位於屯門東南部，因地貌形近橢圓，猶如大欖而得名。欖涌地名早見於明朝中葉出版之《粵大記》。[16] 按《新安縣志》記載，大欖涌隸屬新安縣第五都，為官富司管屬客籍村莊。英國租借新界初期，大欖涌隸屬元朗區欖涌約，約有三百多人口，受北約理民府管轄。現在該地有大欖涌、黃屋和胡屋三村，村民大部份是客籍人士，復界後遷入並開基建村。[17] 從前他們主要務農為生，輔以捕魚為副業。戰後，香港人口急劇增長，為增加食水供應，政府選址大欖涌興建水塘。[18] 大欖涌水塘啟用後，職工宿舍改建為大欖涌監獄和戒毒所，水塘沿岸則闢為旅遊區。

　　大欖涌公立學校前身大光學校，創於1946年，原為當地胡屋村之私塾。1953年，適齡入學兒童日增，課室不敷應用，校方遂租用村內平房作新校舍。1957年，私塾易名為大欖涌公立學校，新校舍於1961年落成。新校舍建成仰賴村民和商人捐助，包括胡文虎夫人陳金枝女士，故校舍二樓題上「紀念胡文虎先生」。雖然學校的位置遠離市區，但卻吸引來自五湖四海的學生報讀，既有青山公路一帶的村童、懲教署子弟、水警子弟，亦有來自青山灣的漁民子弟，更有遠至新市鎮天水圍的學生，甚至由越南逃難來港的學生也有。全盛時期，學校有逾五百學生、共13班。2005年，學校收生不足，宣告正式停辦，現計劃改建為社區文化中心。

---

16　(明)郭棐《粵大記》卷三十二政事類政防卷末廣東沿海圖香港部分。

17　如大欖涌胡氏原籍新安縣白芒花，後遷徙至此，胡族人口繁衍，族人陸續分遷至八鄉馬鞍崗、大嶼山陰澳和大欖涌胡屋。

18　大欖村和關屋地位處水塘區，受影響的村民被安置於荃灣大屋圍。

大欖涌公立學校

## 從村校展看村校發展史

村校展把新界村校發展分為五個時期，分別是卜卜齋時期、方興未艾時期、蓬勃發展時期、衰落時期和後村校時期。

## 卜卜齋時期

1898年前，香港新界的適齡兒童均接受傳統「卜卜齋」教育。新界各族稍有經濟能力均自建書塾或書室，以鼓勵族人求功名，顯家聲。這時期的學校大部份都是沒有獨立的校舍，而是大多利用村中祠堂、廟宇和書室等作為教育場所。如大欖涌村有安定書塾，建於1927年，實際上亦是胡氏家祠，名為大德堂，至於家塾則有西園書室。[19]又如橫州楊屋村有關西書室和南嶽書室。前者又稱四知堂，是紀念楊屋村其中一位開基祖學周祖，該書室重建於1983年。後者重建於

---

19 黃佩佳：《新界風土名勝大觀》，(香港：商務印書館(香港)有限公司，2016)，頁50-51。

1993年，祖堂供奉南嶽祖歷代祖先神位，曾是著名書塾。
而橫州福慶村建有黃泗和堂，亦曾作舊式書塾，名為泗和學
校。

　　新界租借後，香港政府開始關注新界教育的問題，頒
佈了第一條教育條例，部份新界私塾獲得津貼，惟政府投放
的資源並不多，鄉村教育仍依賴鄉紳和宗教團體開辦的民辦
學塾。1926年，政府成立大埔漢文師範學校，着力培訓鄉村
教師。1935年，英國視學官賓尼（Edmund Burney）發表報
告書，批評政府忽視小學的中文教育，應該加強發展基礎教
育，建議新界村校的課程更緊貼學生的生活。新界村校順勢
進行改革，無論是師資、課本和學制都須受到政府的規管，
一些傳統書塾逐漸改稱「學校」。[20]

> 我鄉前賢鄧漢封、陳鈞達、張其惠、鄧元
> 冠、陳世昌諸公為作育英才，造福桑梓，於一九
> 三八年創辦青衣公立學校，初因陋就簡只有課室
> 兩間，後逐步擴展漸具規模……[21]

　　從《青衣公立學校新校舍落成碑記》可知，碑文記錄了
青衣公立學校前身永聯學校於戰前創辦的經過。

## 村校方興未艾時期

　　二次大戰後，香港人口急劇增長，政府推出《十年建校
計劃》和《小學擴展七年計劃》，以回應適齡學童人口增加
的需求。當時正值香港百廢待興之時，政府財政緊絀，但鄉
村校舍設施又嚴重不足，遂政府採用「一元津貼一元」的撥
款形式，鼓勵官民共同建校。新界鄉村興起辦學潮，傳統私

---

20　較著名的有屏山達德學校、上水鳳溪公立學校和九華徑養正學校等。
21　青衣公立學校新校舍落成碑記，1985年12月10日。

塾逐漸被淘汰，部份則轉型為公立學校。

> 民等橫州六鄉各界人士為響應　政府鼓勵辦學
> 號召起見，決定把本(橫州六社)鄉教育事業辦好，
> 茲擬將(現已開辦的)村中的私立泗和、關西兩間小
> 學，合併為一校，改為本鄉公立，籌建新校，擴
> 展班額，以備收容大量失學貧童…政府教育司批
> 准津貼，補助建築費三萬元(全部經費半數，現已
> 批准答覆)但其餘三萬元，以民等本(橫州)鄉戰後地
> 瘠民窮，甚感吃力不消。[22]

　　由此可見，1950年代，橫州人口日眾，學額需求甚殷。
橫洲鄉原有關西與泗和兩所小學[23]，因為地方簡陋，不足以
配合現代教育的要求。1952年橫州鄉紳組成「橫州六鄉籌建
校舍委員會，計劃合併原有兩所小學，並向政府申請撥款，
興建新校舍。政府撥款三萬多元興建新校舍，餘下由六村鄉
民和旅歐鄉僑合力籌款。到了1950年代中期，新界鄉村學校
已多達三百多間。新界鄉村經濟並不富裕，籌建一所新校往
往須動員全村集資，甚或聯合鄰近村落合力籌建，有些熱心
鄉紳甚至主動獻地建校，為鄉村子弟提供教育機會。

## 村校蓬勃發展時期

　　踏入1960年代，鄉村學校如雨後春筍般湧現，全盛時期
更是「處處鄉村處處校」。隨着新界適齡學童日增，原有校
舍不足以配合教學的需要，政府實行半日制教學，分設上、

---

22　香港政府檔案處，檔案編號：HKRS 1432-1-26,Wang Chau SchoolPing Shan。

23　關西位於楊屋村學周祖祠，泗和位於福慶村黃泗和堂，另有南嶽書室則位於南嶽祖堂。

下午班，提供更多的學額。與此同時，很多村校擴建校舍，
加建課室，或另闢土地興建新校舍。葵涌公立學校建有昆才
學校紀念堂，堂內有兩塊碑記交代了該校兩次擴建的課室的
情形。

> 敝村葵涌公立學校創建於 1952 年，由政府
> 撥出校地約十萬方尺，并助建築費半數，其餘半
> 數則由各界樂育人士之捐助。溯當日出力者踴躍
> 非常，不多時即募得建築費六萬多元，原可以搬
> 地盤及建課室六間。旋以韓戰爆發，物價超過預
> 算，故僅能建成課室四間及校務室一所，但當日
> 收容學生，尚無不敷之感。

> 七年以來居民日漸增多，以限於校舍學童之
> 未穫，收容者尚有二百餘人，為免其流於失學起
> 見，自非速謀擴建校舍不可。

> 茲經詢謀僉同，并經教育司署核定，再建課
> 室四間，估計需費共約港幣六萬元。除由教署補
> 助半數外，所不敷之三萬元，自須另行籌措。惟
> 本村地瘠民貧，茲事體大，又非仰仗羣力，襄助
> 不可……24

葵涌公立學校創校初期，因為正值韓戰爆發，物價飛
漲，籌募得來的經費，只足夠興建四間課室，未能滿足學額
的需求。直到1950年代末，教育司署獲批半額資助擴建四間
課室，餘數則由當地居民承擔。葵涌原有書塾，名為昆才學
校，位於今葵涌光輝圍附近，由傅氏自資興辦。當地鄉紳傅
世仕為玉成其事，不惜轉售祖嘗昆才學校，款項悉數捐給葵
涌公立學校。校方特築建昆才學校紀念堂，以茲為表揚傅氏
善舉。

---

24　葵涌公立學校建校募捐小啟，1960年6月24日。

　　……邇因來學者日多，原有課室未敷應用，
爰經校董會議決，擴建校舍，第以茲事需款頗
巨，特成立擴建校舍委員會，從事募捐，以期集
腋成裘。尚祈熱心社會教育人仕，慨解善囊，惠
賜捐助，共襄美舉，是所厚望。[25]

　　其時，葵涌工廠林立，適齡學童日眾，學生來自葵涌、
荃灣和九華徑一帶。由於學位不敷應用，1970年，當地鄉
賢組成擴建校舍委員會，幾經努力，籌款接近五萬元。此
外，部份村校原身校舍不敷應用，須另覓新的地方，興建新
校舍。大欖涌公立學校的新校舍於1961年落成。三幢校舍建
築呈U型，屬典型村校設計。兩旁為平房式課室，中間為操
場；靠後方的建築樓高兩層，校長室、書記房、音樂室亦在
此，後側兩角為教員室及讓學生打乒乓球的地方。

## 村校衰落時期

　　自1970年代起，不少鄉村人口移居市區，村校學生人數
開始下滑。到了1980年代中期後，村校更逐漸出現收生不足
的情況。2002年，政府推行學校改善工程計劃，多間村校進
行翻新。同年，小學縮班日趨嚴重，教育署遂頒佈《統整成
本高及使用率低的小學》文件(以下簡稱：統整政策)，殺校
潮湧現，地點偏遠、師資配套不足的村校首當其衝。村校展
四間村校均受統整政策影響，因收生未能達標，相繼於2002
年以後停辦。第三十九屆畢業生林寶瓊回憶這段殺校風潮：

　　因為當時出生率減少，學校少收了學生。於
是政府設立門檻，小一要收生達到一個數目，才
能夠可開班，收生不足就要殺校。之前村校有個

25　葵涌公立學校擴建校舍募捐小啟，1970年6月7日。

　　大聯盟，反對殺校，是大欖涌公立學校校長聯合
　了其他村校，其中一間是屯門興德學校。興德學
　校是少數成功翻身的例子，但大聯盟中大欖涌是
　第一間被殺，其餘還有五、六間在接着一、兩年
　間被殺。當時報紙和雜誌都有報導，只是沒有放
　入特刊中⋯⋯26

　　面對殺校的危機，不少村校組成聯盟，通過不同方式，
表達訴求。2003年，大欖涌公立學校便發動遊行示威，反對
「殺校政策」。

## 後村校時期

　　村校停辦，校舍失去原有功能，很多村校遭荒廢，甚或
被拆卸。根據教育局空置校舍數據庫顯示，2015年，香港共
有234間閒置校舍，不少位處新界地區。近年，社會大眾關
注文化保育，舊建築活化再利用的概念逐漸為大家所接受，
坊間亦開始探討閒置空間持續發展的可能性。如2011年由跨
界藝術家組成的「空城計劃」，便試圖運用空置村校空間，
舉辦跨領域的藝術活動，開拓大眾對香港閒置空間的想像。
又如2019年，香村與長春社文化古蹟資源中心合作，舉辦《
有你有我有田有山有水有意》村校校歌展。是次展覽，蒐集
來自香港不同地區共九首村校的校歌，由舊生重遊母校演唱
校歌，重塑村校的聲音空間，讓觀眾重新想像及思考城市的
變幻。

　　2017年，政府開放部份空置校舍使用權，供非牟利團體
借用，容許改變村校原有用途。此外，部份村校更將清拆，
發展為公共房屋。值得注意的是，葵涌公立學校建於1952
年，具有超過50年歷史，但未獲歷史建築評級，未來即將面

26　香・校變奏口述歷史訪問，林寶瓊，2020年11月25日。

臨清拆的命運。村校的保育的問題絕對值得大眾深思！

## 列表一：村校展四間學校未來發展概況

| 村校 | 地區 | 停辦年份 | 現狀及未來發展 |
|---|---|---|---|
| 葵涌公立學校 | 葵涌 | 2007年 | 荒廢，即將拆卸，興建公共房屋 |
| 青衣公立學校 | 青衣 | 2008年 | 校舍現改為職安健學院使用 |
| 橫州公立學校 | 元朗 | 2005年 | 荒廢 |
| 大欖涌公立學校 | 屯門 | 2005年 | 計劃轉化為文康社區中心 |

## 結論

　　村校盛載着數代人的成長記憶，村校本身的興衰亦印證了城鄉發展的歷程。1950至1970年代，新界村校盛極一時，隨着時代演進，鄉村被城市包圍，近年遭殺校的村校不計其數。本文運用了村校展的研究成果，通過分析四間村校的興衰歷史，呈現村校在新界發展中所擔演的角色，引領大眾思考村校持續發展的可能性。

# 女為悅己者容：
# 香港客家花帶初探[1]

葉德平

香港中文大學專業進修學院

## 【摘 要】

康熙復界以後，客家人舉族遷移到香港定居。他們除了帶來了發展的動力，也帶來了他們族群的獨有文化。其中的「客家織帶」，來到香港以後，更發展出不同的樣式。「客家織帶」兼具「實用」與「裝飾」的功能，是昔日客家婦女人人皆會的技藝。然而，隨着鄉村的城市化、非原居民的遷入，像「客家花帶」這種特別具有「宗族習俗意義」的文化，面臨着傳承的問題。有鑑於此，筆者擬從現正進行的「香港客家花帶織造技藝」研究計劃中，抽出其中已有的成果，撰寫成本篇文章，期望與讀者分享所得。

【關鍵詞】：客家織帶；客家；花帶；丁帶

---

1　鳴謝：本篇文章的內容來自「沙田文化研究計劃—沙田花帶文化研究〔第一期〕」（沙田文化藝術推廣委員會主辦、沙田民政事務處協辦、沙田區議會贊助）。其中，筆者想在此特別鳴謝：已故的徐月清女士；沙田鄉事委員會主席莫錦貴先生，BBS；小瀝源村蔡文煥先生、楊九先生、蔡清妹女士、藍炳嬌女士；林偉恩先生、陳家傑先生，以及一同參與研究的香港中文大學專業進行學院「中文」、「應用歷史」高級文憑課程的學生。謹此致謝。

## 一、導 論

　　清康熙22年，清將施琅於澎湖大敗明鄭軍將領劉國軒率
領之海軍。隨後，鄭成功之孫鄭克塽納土稱臣。康熙皇帝聽從
福建總督姚啟聖建議，正式頒佈了「復界令」，復置新安縣。
終於，折騰了香港22年的「遷海令」正式退出歷史舞台。

　　復界之舉對閩、粵二省的沿海民眾是莫大的喜訊。據《
清實錄・聖祖仁皇帝實錄》記，回歸故土的民眾對康熙帝復
界之舉感恩戴德：「福建、廣東兩省沿海居民，群集跪迎，
皆云：我等離鄉土20餘年，已無歸鄉之望。幸皇上威德，
削平寇盜，海不揚波，今眾民得遠故土。保有室家，各安生
業。仰戴皇仁於世世矣」[2]。然而，經歷了二十多年的海禁，
原來的粵、閩沿海居民已於新居地落地生根，不欲返回。加
上，不少民眾在遷徙的過程中已橫死於道，所以復界後諸地
人口不足，田盡荒廢。以康熙23年（1684年）為例，當時遷
移到新安縣的人丁只有134人，翌年則只有107人。[3]

　　為了充實人口，俾使土地不致荒廢，清廷於是大力鼓勵
廣東福建居民南移，西南諸鄉遷民，盡復其業。而重置新安縣
後，除了鼓勵原居民回流，清廷亦努力招募民眾開墾田地。清
廷招募了一批原居於廣東五華、興寧、梅縣一帶的客籍農民來
香港。而這批客籍人士，祖籍一般都是福建的寧化、上杭。相
對早於宋元時期落戶香港的「本地人」，他們是「客」，所以
我們一般會稱他們為「客家人」。這時候，新界北部的平原地
帶早已「名土有主」，所以較遲落戶香港的「客家人」只好選

---

2　《清實錄》，〈聖祖實錄〉（二），卷116，頁205。詳見馬金科
　　編：《早期香港史研究資料選輯（上）》（香港：三聯書店（香
　　港）有限公司，1998年），頁140。

3　（清）靳文謨纂：《新安縣志》卷6，〈田賦志〉，頁1、2。詳見
　　馬金科編：《早期香港史研究資料選輯（上）》，頁31。

擇一些山區或沿海地區定居，像新界和九龍一帶便有數百座客家村莊。[4]今日，九龍的客家村落大多因為發展而消失，但是新界沙田、西貢一帶還有不少客家村落。

## 客家人與本地人

　　值得注意的是，這裡的「客家人」和「本地人」是有既定的定義。1895年，曾任職於港府的歐德禮（E. J. Eitel）出版了《歐西與中土》（Europe in China），把居於香港島和九龍的華人分成3個族群：本地（Puntis）、客家（Hakkas）和鶴佬（Hoklos）。1899年，時任港府輔政司（Colonial Secretary）兼華民政務司（Registrar-General）的駱克（J, H. Stewart Lockhart）發表了《駱克報告書》。他以語言為類，把香港華人劃分為3個族群：「本地」、「客家」與「蜑家」。香港「本地人」，是指在康熙遷海令前已聚居香港的民眾，而「客家人」，則是指康熙復界以後，南來香港原居於粵北的客籍人士。

## 「客家花帶」的研究方向

　　無論如何，久居山地的客家人素以務農為生，習慣了逆境求生。慢慢，他們的人口數目和經濟能力已能與「本地人」比肩。南來的客家人帶來了他們原居地的文化，在日常生活中，與本地文化碰撞與融和，發展出獨具特色的香港客家文化。

　　作為香港客家文化的一員，「客家花帶」製作技藝是一項默默地傳承的客家非物質文化遺產。由於它多是以「配

---

4　學者劉鎮發的數字是「移民來港的時候數以萬計，建立了400多座村莊」，詳見劉鎮發：〈香港客家人的源流〉，載劉義章編：《香港客家》（廣西：廣西師範大學出版社，2007年），頁49。

角」的形象出現在客家人的日常生活中，所以以往研究者對
它的關注度並不是太高。幸而，已故的客家文化研究者徐月
清女士意識它的重要性，也了解到這文化將面臨「傳承斷
層」，所以最近十幾年不斷進行相關的研究和推廣。

本文的研究資料、內容，主要來自三大方面：第一，
現存的客家文化研究文獻資料。第二，已故徐月清女士的材
料。第三，筆者新近進行的「客家花帶織製技藝」研究計劃
的成果。在該研究計劃訪問了三位「客家花帶織製技藝」傳
承人：沙田小瀝源村的蔡清妹女士、藍炳嬌女士，以及林偉
恩先生。據徐月清女士生前講述，蔡清妹女士是她的嫂子，
也是她「客家花帶」的師傅，她的花帶織製技藝正是蔡清妹
所傳。而林偉恩先生則是徐女士的一個得意弟子，雖然年紀
輕輕，又是男兒身，但仍然默默地守護着「客家花帶」。

本文將綜合以上研究成果，從「裝飾」與「實用」兩方
面，探討「香港客家花帶」的功能。

## 二、客家花帶的功能

客家花帶編製工藝已傳承了數百年，「根據一些老人講
述的情況推測，大約產生於明末清初。其傳承方式主要是家
庭中母女、姐妹間的傳承，也有由村中技藝高超者進行傳授
的」[5]。徐月清女士亦指出，香港的客家花帶是由梅州傳入，
農家女大多會織花帶，以滿足生活所需。花帶是一代代白天
上山砍柴割草，下田植地，晚上點燈縫補的客家婦女的智慧
結晶。她補充道：「客家女性不但耕田斬柴，又要帶小孩，
加上又有一對巧手，編織出漂亮的花帶。母親會背着小孩下
田工作，母親的涼帽帶垂下來，正好給小孩玩，是一個感人

5 深圳市福田區文化遺產保護領導小組辦公室編：《深圳市福田區非物
質文化遺產彙編》（深圳：深圳出版發行集團，2008年），頁69。

的場面」。[6]

　　客家花帶與客家婦人息息相關，是她們日常生活必備的技藝。而花帶的功能不只在於裝飾，更有現實生活的作用。

## 衣物裝飾功能

　　〈瀝源九約竹枝詞〉：「大埔子可值行藏，嬌女牽情飾野粧」，[7]一句便點出了樸素的客家婦女，亦會悉心打扮自己。太史公所謂「士為知己者死，女為悦己者容」大抵如是。客家婦女會在她們的涼帽、圍裙之上，配上客家花帶，讓單調的深藍色之中添上斑斕的色彩。據徐月清女士回憶，「小時候，嫂嫂織花帶會叫我坐在旁邊小凳子上看。那時候，每逢有街坊鄉里辦喜事，赴宴的婦女們都會穿新衣服，新的圍裙，我們一班小女孩牽著手、滿場跑，去看她們的花帶，場境和諧又溫馨。」[8]

　　花帶具有香港客家文化的特徵，沉穩內斂、簡單樸素，耐看實用、不誇張、不累贅。在歷次遷徙中，客家先民把中原文化、人情風俗帶到了贛、閩、粵一帶，並與當地風情文化交融，形成了獨有的文化氣質。初來乍到，香港客家先民的生活環境並不太理想，這點在香港客家族群的衣飾上也可以看到。客家服飾重視其功能性，但求蔽體禦寒而不尚浮華，衣料顏色為藍、黑色，取其不易見污。

---

6　葉德平、邱逸：《古樹發奇香——消失中的香港客家文化》（香港：中華書局（香港）有限公司，2016年），頁162-187。

7　〈瀝源九約竹枝詞〉是沙田石古壟村許永慶與沙田火炭村羅文祥合創作的作品。二人還合力創作了《六約西貢竹枝詞》（十八首集村名）、《香港九龍全灣各村竹枝詞》（十三首）、《大埔林村船灣各鄉竹枝詞》（八首）三組竹枝詞。今有百年抄本存於沙田鄉事委員會，乃沙田火炭村原居民代表暨沙田文化藝術推廣委員會委員鄭志興先生捐出。詳見葉德平：《沙田文化研究計劃：竹枝詞（沙田部分）研究》（香港：菁藍文化，2019年）。

8　同註7。

## 圍裙帶

　　客家服飾主要由內衣、上衣、褲子、鞋襪等幾部分組成，客家婦女的服飾還有擋風遮日的冬頭帕、用以蔽胸腹的圍裙。男裝是正面開縫，用布作紐扣，女衫比男衫稍長，開襟由領口斜向右腋，沿側縫直至下擺。其內衣多為白色，其外裝為藍色或黑色，而冬頭帕和圍裙則有由紅、綠、藍、白、黑幾種顏色的彩線交織成的條狀彩紋，為客家服飾添加色彩。

　　客家婦女日常工作之一是種田，所以她們會在衣服之外，加穿一條圍裙。圍裙需要花帶固定。而圍裙在不同客家地區有着不同的樣式。有一種是從胸至腹，另一種是只圍腹部的。前者多在贛南、閩西一帶使用，是中原圍兜的傳承；後者多在粵東，是前者的沿革，因為較方便圍包。

　　圍裙多為黑色或藍色，繫上繡有大紅大綠，富有民間裝飾的花邊，再盤繫白亮亮的銀鏈帶，往身上一拔與藍衫烏褲花布鞋相映，更增添客家婦人的風采。另有一種大尾裙（圍裙）是用陰丹士林（Indanthrene）藍布製成的，四周有漂亮的花邊，其最大特點是兩裙帶終端的紅穗，最大的有2、3寸闊，5、6寸長，很像紅櫻槍的花穗，在圍裙背後的交紮處即垂上兩條紅穗，走起路來一擺一擺增加幾許婀娜。[9]

　　然而，有時並非家家戶戶都有能力去配襯銀鏈帶、紅穗結。所以，客家婦女也會用一些絲線自製花帶，加配在她們純藍或純黑色的圍裙上作為圍裙帶，意圖於平凡之中見不平凡處。

---

9　馮秀珍：《客家文化大觀（下）》，頁1010-1024：「圍身帶顧名思義就是圍裙的繫帶，農家婦女人人都繫圍裙勞作，圍裙繫在腰間，就是為了保護衣服免受磨損。農家做圍裙的布料是一種藏藍的棉質土布，表面粗糙厚實，經得起勞作磨損。一塊粗樸的土布，裝飾上青白花紋相間的圍身帶，就顯得清新雅致了。」載於〈織帶〉，載於周吉敏：《民間絕色》（北京：中國民族攝影藝術出版社，2011年），頁130-134。

## 涼帽帶

　　傳統客家婦女平日的穿著樸素，衣料多使用棉布或麻等，因其較結實耐用。顏色以藍、黑、紅、白灰為主，而以素面最多。由於常常要下田工作，「好天曬，落雨淋」[10]，所以客家婦女都會配戴一種名為「客家涼帽」的帽子。

　　「客家涼帽」是客家婦女佩戴的帽子，用薄薄的竹片和麥稈編制而成，中間鏤空，外呈斗笠狀，帽檐四周縫製有寬布條，順着帽檐自然下垂。閩西、粵東和贛南一帶的客家婦女都戴著這種涼帽，她們又叫它人做「涼笠」，也有的地區叫「斗笠」。通常用竹片或細竹蔑條編成帽胎。帽胎為兩個同心圓，內圓隆起，正好卡住腦殼，藏進高聳的髮髻。帽胎表面，常用竹筍殼或油紙押上，以防雨水滲透進來。除正前方外，左、右、後方帽沿還垂掛著數塊折疊均勻、長約16釐米左右的布簾，遠遠望去像是一朵朵美麗的鮮花。布簾向下垂著，成為「笠披」，可以擋著直射進面部的陽光。同時「笠披」遮住了半個臉，一明一暗，戴笠的人可瞧見別人，別人卻不易看得清戴笠的人。涼帽的布簾，一般為白色、灰色、藍色或黑色。涼帽一般用於遮陽，雨天則不宜使用。[11]

客家涼帽（網上圖片）

10　粵語諺語，意謂：天氣好，要捱太陽曬；天氣差，要給雨打。

11　郭丹、張佑周：《客家服飾文化》（福州：福建教育出版社，1995年），頁54。

涼帽帶[12]，顧名思義，是圍着涼帽的裝飾。它可以作為涼帽的繫帶[13]，也可以只是作為裝飾存在，是實用且美觀的涼帽配件。據說，客家婦女戴涼帽的習俗，起源於西晉末年（另有一個說法指起源於北宋末年）。傳說指，其時北方遊牧民族南下，中原人士南遷避難。途中，婦女為方便行走，多在斗笠上罩上一塊黑布，遮掩

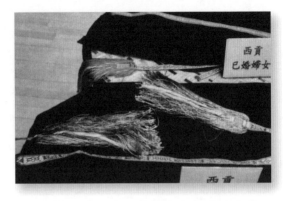

西貢已婚和未婚女子是戴不同顏色的花帶

自己的臉孔。於是，涼帽成為了客家婦女的「標配」了。由於，涼帽是客家婦女日日穿戴的衣物，所以她們太多十分珍視。例如，會在把涼帽圍邊的黑布「打摺」。據說，摺痕的數量越多、越綿密，就表示該婦女非常重視自己的涼帽。而除了「打摺」，織製涼帽帶也是展示她們心思與手藝的重要方法。

它與本地人的織帶相似，但又不相同，尤其是配色和圖案上。

涼帽與花帶

## 儀式、習俗之用

客家花帶除了有配飾功能外，也會在一些客家儀式、

---

12　同註7。
13　同註7。

習俗的功能。這裡主要指燈帶（丁帶）、牛繩和嫁妝三個方面。

## 燈帶（丁帶）

　　香港本地和客家圍村都保留着「正月點燈」的習俗。以沙田小瀝源為例，他們每年正月十五日，即元宵佳節，便會為當年出生的男丁舉行「點燈」儀式。因為在客家話中，「丁」與「燈」為諧音，「點燈」即為「添丁」之意。所以，花燈，又名添丁燈，而配在丁燈上的花帶又稱燈帶（丁帶）。

　　每次點燈，村中長老會先與添丁人家共商「上燈」吉時，這時媽媽、婆婆、嫂等一家上下都會親手織一條花燈帶給剛出世的男嬰，保佑他一生平安。吉時一到，有成年男丁們便齊心協力將花燈用花燈帶懸掛在祖公廳的大樑上。在「點燈」的過程，燈會放在祠堂橫樑頂上，完成點燈後，花燈帶會用紅布包好，放在新丁身上，伴隨著他長大。每個新丁用一條花燈帶，有多少個新丁就用多少條花燈帶，對於懸掛在祠堂廳上的客家花燈來說，花燈帶就是客家新丁的象徵，慶賀的人會大喊「高升」、「發財」、「丁財兩旺」等吉慶口號。[14]

　　此外，花燈帶又可代求多生子，每年元宵節，新婚婦女會到相傳保佑生子的九子聖母廟，在九子母位前，供奉餅果，並交香儀錢給廟祝，取吊著花燈的一條花燈帶。[15]

---

14 據梅窩客家傳統，點燈之外，還有升字儀式，即是由乳名到入學讀書之名字，按族例據族譜重新改名，亦表示從今起已是成人。當「升字」儀式開始，村民打鑼响鼓和奏樂，長老叫一句口號，上梯一級，協助之村民則照和伯指示，遞交祭品給新郎及新娘拜祭，直至和伯口號叫完，上梯達至可以安字排為止，需時二至三小時，一般由晚上七時至十時才散會。大婚儀式亦告完滿。詳見甘水容、邱逸：《梅窩百年──老村、荒牛、人》（香港：中華書局，2016年），頁147-148。

15 房學嘉、冷劍波、鄔觀林、宋德劍、肖文評主編：《客家河源》（廣州：華南理工大學出版社，2012年），頁267。

至於沙田小瀝源村的丁燈（約四呎高）[16]，是由村長楊九先生親手紮作的。每次點燈儀式進行之前，楊九先生都紮作一盞新的丁燈，而上面的燈帶就是由蔡清妹和藍炳嬌織造的。在拜過土地伯公，就會把花燈帶到祠堂參拜，然後燈連帶就會掛在祠堂的樑上三年。三年以

小瀝源村長長的花帶放在燈的中央

後，就會焚化了那盞花燈，而燈帶則會保留，一代傳一代。蔡清妹指，留下來的燈帶只是留念之用，不會循環再用。主要是因為舊的燈帶不漂亮。

## 牛 繩

在農業社會中，人丁等同勞動力，也擔任傳宗接代的工作，所以一個村落有一個新成員降世，村內眾人都要歡天喜地。客家人會給新生孩子送「牛繩」。這是帶孩子的花帶，寓意是讓孩子「掌牛」（牛是耕作工具，也是家族財產，掌牛也有掌財的意義），另又有「粗生粗養」的意思（客家人相信孩子不能「讚壞」，所以會自貶其名，以免招鬼神嫉妒，害孩子生病得禍）。

這些「牛繩」，多是雙面的珠粒圖案相同，不分陰陽。這些珠粒圖案，其實就是麻子，即芝麻籽，有極佳的寓意。最普遍的說法是「芝麻多子」，所以「麻子圖案」就是祝願該戶人家，多子多孫。另外，又有一個說法，指芝麻開

---

16　同註7。

花時，是從下面往上面漸漸開，所以有句歇後語謂「芝麻開花──節節高」。無論如何，客家人贈麻子花帶，就是想為這族中帶來祝福，希望麻子花帶能綁住孩子，讓他在父母身邊，健康長大。所以，在小孩出生或是上燈時給他的紅包，都會纏上麻子花帶。

## 嫁妝

　　客家女性在出嫁時，都會與媽媽、嫂子等一同為自己織造花帶作為嫁妝，數量越多越好，一般謂最少30條。這種「嫁妝花帶」的用途廣泛，分別是：（1）作為「拉櫃帶」。客家婦女出嫁時，父母親會贈送她一個「樟木櫳」（樟木盒子，約2呎高、3呎寬、2呎深），裡面放有2條花帶。在出嫁時，把沒有鎖的樟木盒放在娘家的門前，由新娘的弟弟拉其中1條的花帶出來，表示不捨得姐姐出嫁，另1條則留給新娘帶到夫家，祝幸福美滿，新娘到了夫家也有面子。新娘會將花帶贈送給別人，以表祝福。（2）作為「繫雞腳的帶子」。出嫁婦女的家會準備一對「帶路雞」。家人要用一條長3米的麻子花帶綁住雞腳，帶子兩端各繫一隻雞，並放於花籃中，客家人常把3米叫做9尺，用9尺的麻花帶子，是借「9」與「久」諧音，表示「長長久久」之意，祝願女兒、女婿長相廝守。

## 其他

　　除了配飾和儀式、習俗用途外，花帶亦有一些日常生活功用。

### 背子帶（孭帶）

　　「背子帶」既是已為母親的客家婦人腰背配飾，亦是她

們背負孩子的背帶。老式背帶，大約是2米長、0.9米寬，呈
長條狀。長條背帶的長度和寬度剛好可以把一個嬰兒包裹。
當母親忙於做家務而無法抱孩子時，就把孩子用背帶拴在自
己的背上，這樣既可以騰出雙手操持家務，又可以讓娃娃和
母親相偎，聽到彼此的心跳聲。[17]

　　客家婦人既要務農，也要照顧家庭。為了帶好孩子，客
家母親在忙碌時會把孩子用圍身帶在背上，一邊照顧，一邊
幹農活或家務。花背帶拉著孩子的後背，然後向前從腋下經
過，經過母親的肩膀，交叉在母親的胸前，再向後穿過母親
的腋下，在孩子腳彎處打一個蝴蝶結，這樣孩子就牢牢地貼
在了母親的背上，跟母親緊緊地連在了一起。母親就可以幹
一些農活，不再為孩子分心。孩子也安靜地緊貼著母親，不
會為母親不在身邊而哭泣吵鬧。

## 辨識之用

　　徐月清女
士已整理、繪
製出客家織帶
的花樣一百多
種，她說：「
西貢的帶邊線
鮮艷，多姿多
彩；大埔的帶
是白邊的，素
雅大方；母親
是從寶安龍崗

漂亮的花帶是極佳的裝飾物

---

17 據客家人葉栢強（賽馬會鯉魚門創意館創辦人之一）回憶：「那條帶
　有汗味，但我捨不得洗，因為是母親的汗水養大我們兄弟姐妹。涼帽
　帶的兩端有彩色流鮮垂下來，作為裝飾，他還記得，小時候母親背著
　外出勞動，當流蘇靠近他，會用小手抓來玩。」

嫁到鯉魚門，她織的帶色彩濃豔。這些帶有的每隻花上下陰陽相間，構圖嚴謹，像工筆畫；有的綠線飄逸，像寫意畫，不同風格的帶各美其美，美不勝收。」[18]

香港有多條客家村落，而每一條鄉村都有自己的花帶顏色和圖案。並且，外人從花帶的顏色，就可以可區分出該婦女是未婚，還是已婚。據徐月清說，西貢、沙田已婚婦女，傳統上以紅色為主色調，而未婚姑娘則以綠色為主色調。大埔未婚少女的花帶是藍白色的，流蘇是白色的。

往昔，客家青年男子看到戴着綠或白色花帶的女子，便可以知道她是未婚的。如果青年對她有意，便會唱山歌示好。花帶上的顏色，正好免除不男、女之間不必要的誤會，也可以免除誤判的尷尬。

## 三、結論

歷經晉代衣冠南渡、唐末黃巢之亂、趙宋南遷，原居於中原的客家族群落戶今日閩西、贛南一帶。後來，在康熙年間，因為朝廷的鼓勵，不少客籍人士又從贛南、東江流域一帶移居香港。由於客家族群人口眾多，所以縱然在顛沛流離中，仍能很大程度地保留自身文化，一方面免卻被原居族群完全同化，另一方面也對原居族群的文化產生影響。花帶，就是客家人從北方帶到香港的一種傳統文化。

客家服飾十分簡樸，衣料多為棉或麻，顏色則以藍、黑、紅、白灰為主，以素面最多，因其易洗耐髒。可是，女子由來「悅己者容」，總是想着法子變出花樣來。於是，不知從什麼時候開始，客家婦女便在這些藍黑灰的衣服上，加上了色彩鮮艷的帶子。這些帶子，原本只是一條條單色的絲線，然而在客家婦女手上，卻能湊成圖案豐富的帶子。

隨着時代的進步，客家花帶的功能已由兼具「實用」與

---

18　同註7。

「裝飾」，演變為只是單純的「裝飾」之用。而且，鄉村的城市化、非原居民的遷入，使鄉村文化不易保留，像「客家花帶」這種特別具有「宗族習俗意義」的文化，更是不容易保存下來。

　　徐月清女士習得「客家花帶織造技藝」後，馬上應用她的專業「測量學」的原理於花帶編製上，盡力優化這技藝。並且，[19]她也積極開班授徒，其中覓得有心人林偉恩先生為徒，傳授了她所掌握的「客家花帶織造技藝」。而林先生也不負師傅所託，不單繼承了這門技藝，也用心用力地思考如何把這門技藝融入現代生活之中。

　　林偉恩在訪問過程中，清晰地為為筆者和隨行學生介紹織帶的工具。除了「梳子」，另外一個主要器具就是「帶干筒」。它是一個竹筒，主要作用是分開上下兩層的絲線，以便把兩層的線交織成一條完整的花帶。而且，他也熟練地即場演示織造的技巧。

　　目前，「香港客家花帶織造技藝」的研究仍然在進行中。筆者期望日後可以跟大家分享更多成果。

## 參考文獻（主要）

馬金科編：　　《早期香港史研究資料選輯（上）》，香港：三聯書店（香港）有限公司，1998年。

深圳市福田區文化遺產保護領導小組辦公室編：《深圳市福田區非物質文化遺產彙編》，深圳：深圳出版發行集團，2008年。

劉義章編：　　《香港客家》，廣西：廣西師範大學出版社，2007年。

周吉敏：　　　《民間絕色》，北京：中國民族攝影藝術出版社，2011年。

---

19　徐月清是華南工學院（今日華南理工大學）建工系畢業生。

郭丹、張佑周：《客家服飾文化》，福州：福建教育出版社，1995年。

甘水容、邱逸：《梅窩百年──老村、荒牛、人》，香港：中華書局，2016年。

房學嘉、冷劍波、鄔觀林、宋德劍、肖文評主編：《客家河源》，廣州：華南理工大學出版社，2012年。

葉德平、邱逸：《古樹發奇香──消失中的香港客家文化》，香港：中華書局（香港）有限公司，2016年。

葉德平：《沙田文化研究計劃：竹枝詞（沙田部分）研究》，香港：菁藍文化，2019年。

　　　圖片下載https://drive.google.com/drive/folders/111PDJBp4_0hmQcqHdgbqf8l8EWBjh4zJ?usp=sharing

# 革命四大寇合照札記

孫德榮

香港歷史博物館

　　籌備2021年年底與孫中山故居紀念館合辦四大寇的專題展覽，半年間搜集的資料顯示，孫中山、陳少白、尤列和楊鶴齡四人曾在香港共渡高談闊論的時光，隨後各走不同人生路，1921年廣州短暫重聚，終告不歡而散。[1]信自1919年《孫文學說》刊行，〈有志竟成〉篇章的四大寇事跡[2]傳頌不輟，甚至對該篇作解經注疏，[3]鮮有學者如黃宇和教授直率指斥虛妄附會的論述。[4]除了〈有志竟成〉、《興中會革命史要》和《革命逸史》等基本資料，四大寇形象製作的剖析，詳見李金強教授的論述。[5]探索四大寇事跡必然涉及廣為流傳的合

1　陳少白，〈尤少紈之略史〉，《興中會革命史要》(上海:建國月刊社，1935)，頁117-119。陸丹林，〈粵秀山三老樓軼聞〉，《廣東文史資料第九輯》，文史廣東網站資料:[http://www.gdwsw.gov.cn/wssjk/wssjk_xl/?attach_id=c25a543e4b44669d5cd4ec0952e41b72](瀏覽日期:2021-7-22)。

2　孫中山，《孫文學說》(華國印書局，1919)，頁132-133。

3　許師慎，《國父革命緣起詳註》(臺北:正中書局，1954)。

4　黃宇和，〈所謂四大寇〉，《三十歲前的孫中山:翠亨、檀島、香港1866-1895》(香港:中華書局，2011)，頁420-431。

5　李金強，〈論四大寇:孫中山、陳少白、尤列、楊鶴齡〉，《中山先生與港澳》(臺北:秀威資訊科技，2012)，頁69-103。李金強，〈四大寇與清季革命之緣起〉，《翠亨四傑:孫中山、陸皓東、楊鶴齡、楊心如研究論集》(北京:文物出版社，2018)，頁80-93。

照，拍攝時間有1888、1890及1892年三種說法，[6]以及譚世實教授指出五人合照變作四人的作偽問題。[7]參考相關研究，就合照兩個版本有以下的初步觀察：

## 1.五人合照公諸於世

　　1941年元月出版於香港大學馮平山圖書館舉辦的《廣東文物》展覽圖錄與研究合共三大本，上冊圖錄之部卷一出品目錄之亥是革命文獻，列有「初期革命四大寇合照」[8]，卷二出品攝影編號389即該五人合照(圖1)。中冊研究之部卷六〈國民革命文獻叢錄〉中，簡又文記述：「此照像，關醫生僅得一幅，仍有拍攝時年月日記錄于後，秘藏之篋中數十年，差已忘卻，直至

圖01　　《廣東文物》上冊展覽圖錄的五人合照(1941)

6　高東輝，〈四大寇"合影時間考〉，《五邑大學學報：社會科學版》，卷 12，2010年4期，頁 42-44。王耿雄，〈四大寇合影于何時〉，《偉人相冊的盲點: 孫中山留影辨證》(上海: 上海書店出版社， 2001)，頁4-6。余齊昭，〈四大寇合影于1892年〉，《孫中山文史圖片考釋》(廣州:廣東省地圖出版社，1999)，頁3-5。

7　譚世寶，〈兩種有關孫中山的四大寇照片真偽源流考辨〉，《孫中山文獻考 : 從澳門看辛亥革命百年(1912-2012)真相》(澳門: 澳門理工學院， 2012)，頁243-254。

8　廣東文物展覽會(編)，《廣東文物》(香港: 中國文化協進會，1941)，上冊，頁177。《廣東文物展覽出品目錄》(香港: 中國文化協進會，1940)，頁154之編號1781。

數年前始復發見，乃為翻影多張分贈至好。其時，尤列尚生存，適有南京之行，亦贈以一張。這一張于革命史料最有價值的『四大寇』照片遂得公之于世。廣東文物展覽會陳列者即當年攝製之原始的一張也「及拍攝過程的細節，並且抄錄關景良1937年6月題識的原文：「………拍照佈置，鄙人實任之，雖事隔四十五稔，然當年先生之聲音笑貌，英爽之氣一一如在目前………」[9]。合照五人斯時僅關氏尚在，1937年的關氏題識是申明10月10日之預兆，惟1937年的45年前是1892年，似乎與所指1888年的說法存有分歧。

1936年11月5日上海出版《逸經》第17期(特大號)刊載馮自由〈興中會四大寇訂交始末〉一文，附有四大寇五人合照。該圖片有尤列送贈孫科手書上下款，另有字體大小不同的1936年9月20日尤氏題識，「清光緒戊子年九月初六即距今四十八年一千八百八十八年十月十日商議革命及組黨攝於雅麗氏醫院」(圖2)。上海《逸經》半月刊社長兼發行人是簡又文，第17期是紀念孫中山先生誕辰。1936年9月25日香港《華字日報》

圖02　五人合照和尤列題誌刊載於《逸經》第17期(1936)

---

9　簡又文，〈國民革命文獻叢錄〉，《廣東文物》(香港：中國文化協進會，1941)，中冊，頁430-442。

報導尤列於9月24日由滬抵京[10]，1936年10月15日南京《中央日報》報稱尤列已獲安排入住洋房一棟靜養。1936年11月13日香港《華字日報》報導尤列離世前馮自由從滬趕至南京視疾，但馮氏不苟同1888年的說法，其〈興中會四大寇訂交始末〉原文為「壬辰(一八九二年)十月十五總理於醫校畢業後數月，曾與少紈、少白、鶴齡、關心焉合攝一照(附圖)。關號景良，與總理同學醫校，後總理一年畢業，至今尚在香港行醫，即站在四人背後者是也」。該文收入馮氏《革命逸史》初集，1939年6月版本一字不改，並附有「興中會四大寇及關心焉合照」之圖片(即馮文原圖片，尤氏題識則未附)，1953年2月台灣第一版仍有該圖片而內文刪除附圖二字。從《革命逸史》論述可見，攝於1888年的說法首先由尤列提出，而馮氏沒有交待為何改作十月十五(十日?)，此後不少引用馮氏1892年說法亦云1892年10月15日。

香港歷史博物館收藏關氏後人捐贈合照的玻璃底片，五人面部似有著色，左上角有兩道裂痕，左邊似是紙框的位置上寫有「一千[八]百八十八年十月十日」及其下似有「88」數目字，反轉底片可見日字之下有「光」三字，最後一字遮蓋了最後一個數目字大部份；底片下方似有不完整紙框，由左至右依次有楊、孫、

圖03　關景良捐贈的合照玻璃底片[採自程存潔(主編)，《革命・再革命：從興中會到廣州政權》(北京市：文物出版社，2011)，頁2-3。]

10　1947年王耿雄先生曾於上海寶芳照相館取得30年代複製8吋底片的三張印本，並指該底片是尤列南京之行途經上海複製時留下。見前引王耿雄〈四大寇合影于何時〉。

圖04　中國國家博物館五人合照藏品
　　　(採自香港《孫中山紀念館展覽圖錄》，紙框左右分別寫有較
　　　淺色的"時同窗香港"和"民國二十七年")

陳、關、游五字(圖3)。簡氏所記：「關醫生僅得一幅，仍有
拍攝時年月日記錄于後」，紙框位置的年月日不以陰曆表
述，沒有原件背部的直接影像資料，底片可能是關氏原件的
後期翻拍。孫中山紀念館展覽圖錄刊載中國國家博物館四大
寇合照的藏品(圖4)，相片紙框上有關心焉親題送贈陳乙峰
先生，紙框右邊「雙十節日」旁有較淺色的「民國二十七
年」五字和左下角有「時同窗香港」五字[11]。此照片的關氏
書跡，似有別於刊載於羅香林《國父之大學時代》1954年10
月台灣版，頁八的五人合照圖片之1937年6月關氏題字(圖5)[12]

---

11　孫中山紀念館，《孫中山紀念館展覽圖錄》(香港：孫中山紀念
　　館，2006)，頁22。黃柏軍、郭昉凌，〈做事不做官的革命家──孫中
　　山的摯友陳少白〉，《名人傳記》2012年第9期，頁55–58，刊載北京
　　圖書館藏彭澤民五人合照，沒有記下年月日資料。

12　羅香林，《國父之大學時代》(臺北：臺灣商務印書館，1954)，頁8(前
　　引簡氏〈國民革命文獻叢錄〉抄錄關氏1937年題誌)。香港大學馮平
　　山圖書館收藏《國父之大學時代》之戰時手稿，1945年初版祇有3張
　　圖，1954年版增為九張圖片，1971年再版。

先生革命發祥之處香港雅麗氏醫院

此合照目左至右上列而坐者為先生立者為除人下列為楊原九三君其地俱符李沾道雅麗氏醫院三樓勞樵也五人之中三乃常年就讀同門而尤楊二位則以談民籌革命特來相訪者也時為先生肆業二年戊子九月初六為公曆一八八八年十月十日先生晚間民國之基斯照又正吻是十閱覽之兆拍照佈覽人實任之雅四十五檢然當年先生之悴

中華民國二十六年六月

音笑熊英爽之氣一一如在目前盖同室而談垂五年也更有可貴者則而又以青年當有此一幟而己開以家存原照敬大主之毀其可存留也

先生不弒與部人同迅且史二人先生貴像已多然奕奕衣衫燦爛

關氏玖附贈

七十老人心馬關景良識

圖05　1937年6月關景良題誌五人合照
　　　(《國父之大學時代》的圖片較糢糊，本圖乃香港大學馮平山
　　　圖書館特藏《羅香林教授所藏照片》)

。1972年台灣刊行的《國父之家世與學養》刊載的《國父之大學時代》，沒有更換1954年版的九張圖片[13]。1971年香港珠海書院出版羅氏《國父在香港之歷史遺蹟》，該書的五人合照沒有關氏題字，似是採用《廣東文物》上冊卷二之版本[14]。

　　2014年刊行辛亥革命與香港基督教學術研討會論文集中，香港大學馮平山圖書館尹耀全館長指出該館羅香林特藏有《總理開始學醫與革命運動五十周年紀念史略》一書[15]，

13　羅香林，《國父之家世與學養》(臺北：臺灣商務印書館，1972)。

14　羅香林，《國父在香港之歷史遺蹟(珠海書院叢書：1)》(香港：珠海書院，1971)，圖23。再版有香港大學出版社2002年版和2017年珠海學院新一版。

15　尹耀全，〈簡述香港大學圖書館所藏孫中山先生的資料〉，《辛亥革命與香港基督教》(香港：基督教文藝出版社，2014)，頁269-274。該館特藏《羅香林教授所藏照片》有五人合照的兩個版本[[索書號：羅 910 01)，編號:S53(396)及S63(452)]。

該書頁十六是五人合照，註明拍攝年月日為一八九二年十月十日(圖6)[16]，惟缺封面和封底。2017年出版的《中山文獻》第五十四冊也收錄此書，該版第四十頁有「廣東省中山圖書館圖書」的蓋印，封面顯示1935年11月由廣州嶺南大學刊印和上有"佛山華英中學圖書館"蓋印，封底顯示由廣州培英印務局承印[17]。羅氏《國父之

在港學醫五年間，先生所認為革命同志者，一為陳少白，後先生一年入校，早先生二年離校，一為尤少紈，名列，時為總登記官署(即今華民政務司)繙譯員，一為楊鶴齡，即楊耀記(復改為乾亨行為革命機關)舖主，與後先生一年畢業之關景良，即今香港關心焉醫生，同拍一照為紀念。時一八九二年十月十日。

圖06　《總理開始學醫與革命運動五十周年紀念史略》頁16(1935)

大學時代》和《國父在香港之歷史遺蹟》兩書雖沒有引用1935年廣州刊載的五人合照，按前述資料可見自1935年到1970年代，廣州、上海、香港到台灣出版的學術論述，一直流傳五人的合照。

---

16　《總理開始學醫與革命運動五十周年紀念史略》，頁16五人合照："在港學醫五年間，先生所認為革命同志者，一為陳少白，後先生一年入校，早先生二年離校，一為尤少紈，名列，時為總登記官署(即今華民政務司) 繙譯員，一為楊鶴齡，即楊耀記(復改為乾亨行為革命機關) 舖主，與後先生一年畢業之關景良，即今香港關心焉醫生，同拍一照為紀念。時一八九二年十月十日"。

17　孫中山故居紀念館、廣東省立中山圖書館，《中山文獻》第54冊(廣州：廣東人民出版社，2017)，頁656-702。

## 2.四人合照其來有自

　　學者指出五人合照變作四人的合照首見於《陳少白先生哀思錄》，其後國民政府雖收存原五人合照放大印本，始終無法改變黨國權貴對偽照之認可，導致偽照廣為流傳[18]。上世紀50年代至70年代不少台灣和香港出版的報刊和圖冊，全是刊載四大寇合照的四人版本。《國父圖像墨跡集珍》和《國父事蹟紀要》是採用五人合照版本，教人困惑的是50年代至90年代台灣出版的國父年譜，從初稿到第四修訂版，再到互聯網上可檢索下載的電子版國父年譜[19]，採用四大寇合照是四人版本(圖7)。四大寇事跡編入《國父年譜》的年份有兩次更改，初稿是1887年(即孫中山到港醫校入學)，修訂第一稿是1889年，修訂第二稿起則改為1890年及指稱馮自由《革命逸史》1892年拍攝年份的說法「較合事實」。《國父年譜》的相關參考文獻祇有初稿沒有開列

圖07　《國父年譜》刊載的革命同志合照

18 圖書館目錄的《陳少白先生哀思錄》刊印年份和出版社未能確定，香港中文大學圖書館瀏覽該書網上版最後一頁即更正之後的一頁印有"中華民國廿五年六月拾八日收到"，香港大學圖書館的藏本缺此最後一頁，但其封底內頁貼有廣州培英印務局承印連地址和電話的紅紙。前引〈兩種有關孫中山的四大寇照片真偽源流考辨〉。

19 《國父圖像墨跡集珍》(臺北市：近代中國出版社，1984)，頁22。林國章(編)，《國父事蹟紀要》(臺北：國立國父紀念館，2015)，頁8。羅家倫(主編)，《國父孫中山先生年譜初稿》(臺北：國光印紙廠印，1958)。中國國民黨黨史史料編纂委員會(編)，《國父年譜》(臺北:中華民國各界紀念國父百年誕辰籌備委員會，1965)。1969、1985及1994再增訂。

羅氏《國父之大學時代》，五個版本皆有參考《革命逸史》和《廣東文物》等著述，對於五人合照似是視若無睹。

　　四大寇四人合照版本首見於《陳少白先生哀思錄》，故有說後人帶頭作偽。香港大學馮平山圖書館收藏該哀思錄，封面署簽是林森、遺像題額是蔣中正、像贊是居正和孫科、題字則由陳濟棠、于右任、孫科、林雲陔和陳樹人五人，以及由鄒魯撰寫序文，全是黨政要人。年譜和紀事分別由陳德芸和陳景農撰寫，收錄各地哀輓文字和遺著，而鍾榮光撰寫的〈陳少白先生傳〉文末為「記於港滬舟中時民國廿四年十一月廿四日」。17張圖片中11張是黨國機關在北平、南京、上海、廣州和新會安排公祭和追思會等襃卹紀錄，1張是陳少白為孫中山親書輓聯之墨寶，3張與總理在醫校、在武昌起義後歸國途中和在北伐期間的群體合照，以及個人少年照和經修改的四人合照。國民黨宣稱興中會為該黨第一時期[20]，1930年中央黨史史料編纂委員會聘任陳少白為名譽委員[21]。該哀思錄還附有1935年3月出版單行本的《興中會史要》，此書原是《建國月刊》1929至1930年連載許師慎筆錄陳少白的憶述。〈有志竟成〉篇章中憶述投身革命前的四大寇事跡以至興中會成立與起義行動，對於革命和黨的歷史而言相當重要。1936年10月10日開幕的南京中央黨史史料陳列館[22]，8個陳列室中第一陳列室是總理之家庭及其少年時代史料，第二陳列室則闢作興中會時代史料。陳列目錄

---

20　陳希豪，《過去三十五年中之中國國民黨》(上海：商務印書館，1929)，頁7。鄒魯，《中國國民黨史稿》(上海：東方出版中心，2011)，重印本，第一章，頁3。

21　《中國國民黨年鑑(民國二十三年)》(縮微膠卷)，第八編史料編纂第一章第一節，頁(辛)一。

22　《中央黨史史料陳列館落成紀念特刊》，(中央黨史史料編纂委員會，1936)。中國第二歷史檔案館(龍鋒、黃穎、孫驪君)，〈中國國民黨黨史史料陳列館籌設史料一組〉，《民國檔案》2012 年第2期，頁35–47。1936年10月11日南京《中央日報》的〈黨史陳列館落成禮〉及〈黨史陳列館參觀記〉報導。

顯示該室開首的革命四大寇史料共8項,革命四大寇合影乃是項之首,6項是陳少白物品和1項是楊鶴齡遺像[23]。抗戰結束後,1947年革命史料叢刊(黨史史料叢刊)第七期的封底宣傳,顯示中央黨史史料館陳列室首三個陳列室是國父(1940年立法尊稱孫中山先生為國父)、興中會和同盟會,其內容變更多少無法估計,餘下五個室改為國民黨、中華革命黨、先進先烈、中國國民黨和蔣主席事績[24]。1936-37及1945-49?期間,第二陳列室展示的四大寇合照是否四人版本,暫無資料可考。1947年調整後的展示安排正是宣揚黨史的五個時期,第八陳列室的蔣中正事績與第一陳列室國父的關係,彷彿一脈相承的革命繼承者。蠡測陳氏後人對合照作偽的好處,沒有比刪掉照片中的枝節突出革命同志的宣傳價值來得直接。

## 結　語

　　辛亥革命後孫中山先生三次在廣州建立政權,四大寇短暫重聚的文瀾閣毀於1922年的叛變炮火。1934年的國民黨年鑑第八篇詳列黨史史料編纂委員會推動史料徵集的工作,紀念革命先烈的廣州興中會墳場,容不下1901年遇刺身亡的首任會長楊衢雲[25],其無名墓留在香港墳場(紅毛墳場),2011年墓旁設一說明牌[26]。1936年10月10日中央黨史史料陳列館

23　中國國民黨黨史史料編纂委員會,《中央黨史史料陳列館陳列史料目錄(第1期)》(南京:中央黨史史料陳列館,1937),頁6-7。陳列館展示的研究,參見陳蘊茜,〈國民黨中央黨史史料陳列館與辛亥革命史敘述〉,《江海學刊》,2013年5期,頁143–151。

24　中國國民黨黨史委員會,《黨史史料叢刊—創刊號至第七期(1944-1947)》,收入《中國現代史史料叢編第9集》(臺北:近代中國出版社,1992),重印版之頁388。

25　1931年3月16日香港《工商晚報》刊載〈謝瓚泰致蔣介石函-擬改葬楊衢雲先烈事〉,1934年1月8日及11日 Hong Kong Daily Press 刊載紀念楊衢雲的活動。

26　2011年香港特別行政區政府康樂及文化事務署決定安裝說明牌,陳家亮與筆者執行有關工作。

隆重開幕，未知尤馮
二人曾否到過訪陳列
館。1940年香港大
學舉辦的廣東文物展
覽，是與南京中央黨
史史料陳列館宣揚興
中會時代的人和事存
在差別。1935年《
總理開始學醫與革命
運動五十周年紀念史
略》和1936年(?)《陳
少白先生哀思錄》，
俱由廣州培英印務局
承印。楊耀記、雅麗
士醫院、四寇堂等今
已不存，展現四大寇
的合照彌足珍貴。移
除合照中的關景良，刪
掉陳少白親書珍愛少年
照片的丁卯年題誌(圖

圖08　陳少白少年照片連題誌(刊於1935
　　　年初版的《興中會史要》。丁卯
　　　年即1927)

8)[27]，將兩圖片排版在哀思錄的同一頁(圖9)，令人扼腕。合
照的四人修改版本長期為黨政機關採用，更在《國父年譜》
中使用，反映官修史乘宣揚傳承革命的意圖[28]。1935年五人
合照版本首說拍攝時間是1892年10月10日，還指出尤列當時

27　1935年3月出版的《興中會史要》，刊有陳少白先生少年時代之遺像並
　　自題手蹟，原文為"此相前三十年在日本所照，此次到日本友贈回，
　　復在上海重為印出，雖稍模糊，惟神氣猶如往昔也，丁卯年十一月十
　　一日少白誌"(寫在印有上海先施照相 Sincere Shanghai 的相框)。

28　除了前引陳蘊茜〈國民黨中央黨史史料陳列館與辛亥革命史敘述〉，
　　還有《崇拜與記憶：孫中山符號的建構與傳播》(南京市：南京大學出版
　　社，2009)。潘光哲，《華盛頓在中國：製作「國父」》(臺北：三民書
　　局，2006)等等。

為總登記官署(即今華民政務司)　繙譯員。合照中的尤列和關景良分別在1936年和1937年，聲稱該照片攝於1888年10月10日，"是日商議革命及組黨"、「孫先生革命發祥處之香港雅麗氏醫院」和「斯照正吻雙十國慶之兆」。數十年後的追憶未有提及陳少白1890年入學醫校、尤列1892年6月29日在港當上繙譯員[29]、孫中山先生1892年7月畢業以及陳少白何時離校等等情節。家國存亡之際[30]，「革命史料」的某些個人追憶存在製作認可記憶的空間，塑造有意或無意的遺忘。

(2021.7.27草成。港大圖書館查找資料期間，幸蒙丁新豹先生訓勉，謹此申謝。)

第一次革命失敗後之陳少白先生

丁酉夏照于日本　甲戌重印

楊鶴齡　孫總理　陳少白　尤少紈

圖09　《陳少白先生哀思錄》刊載陳少白少年照和四大寇合照(丁酉年和甲戌年，分別是1897和1934)

29　1891-1894四年的香港政府人員編制紀錄(Civil Establishments, *Hong Kong Blue Book*)中，1892和1893兩年的總登記官署編制列有Yau Ki-tong於1892年6月29日上任Chinese Writer，離任日期則不見於1893或1894年的紀錄。

30　Du, Yue. "Sun Yat-sen as Guofu: Competition over Nationalist Party Orthodoxy in the Second Sino-Japanese War", *Modern China* Vol 45, No. 2 (2019): 201-235

# 香港歷史文化研究中心
## 2020年9月 - 2021年7月活動報告

## 甲、2020- 2021年講座系列

### （一）與香港歷史博物館合辦香港歷史文化講座系列

主題：〈香港史探研〉

| 日期 | 講者 | 講題 |
|---|---|---|
| 10月3日 | 鄺智文博士 | 太平洋戰爭期間中、英、美在華南的軍事合作，1942-1945年 |
| 10月10日 | 丁新豹教授 | 1930年代大蕭條下的香港 |
| 11月8日 | 馬冠堯工程師 | 戰前的香港旅遊業：郵輪、遊客、旅行社和景點 |
| 11月15日 | 危丁明博士 | 1960年代以前香港佛教公益法會話舊 |
| 11月22日 | 羅慧博士 | 清代以前香港地區的文化交流與翻譯活動 |

### （二）與非物質文化遺產辦事處合辦、香港歷史博物館協辦講座系列

主題：「非遺傳承 ── 族群移居與香港非物質文化遺產」

| 日期 | 講者 | 講題 |
|---|---|---|
| 2020年10月17日 | 陳德好博士 | 香港漁民水面醮的現狀和傳承 |
| 10月24日 | 黃競聰博士 黎帶金女士 伍綺琪女士 | 嘆之以情：香港岸上漁歌傳承與創新 |
| 10月31日 | 游子安教授 | 香港潮籍神誕民俗──以天公誕及天后誕為例 |

# 乙、2020- 2021年專題講座

## （一）專題講座：香港早期華人治安組織

保良局歷史博物館、珠海學院香港歷史文化研究中心合辦
保良局歷史講座系列 2020—— 排難恤困
「二十世紀前期華人團體與民生」
日期：28.11.2020
講者：蕭國健教授

## （二）網上講座：善緣結人緣：東華三院啟建之萬善緣勝會

東華三院檔案及歷史文化辦公室、香港文化博物館合辦
日期：9.1.2021
講者：游子安教授

## （三）網上講座：1920至1940年代保良局總理的仁心善業

保良局歷史講座系列　2020—「排難恤困——二十世紀前期華人團體與民生」

日期：27.3.2021

講者：游子安教授

## （四）專題講座：仙蹤道跡：香港道教源流、信仰和建築

香港歷史博物館主辦「和而不同：宗教信仰、族群與香港社會」講座系列

日期：15.5.2021

講者：游子安教授

## （五）「香港海賊王」網上講座系列—張保仔與《靖海氛記》

日期：24.4.2021

講者：蕭國健教授、鄧家宙博士、黃競聰博士

# 編後語

　　自2012年起，中心每年將過去一年的講座論文編輯成書，以《鑪峰古今——香港歷史文化論集》為系列書名，本書是《鑪峰古今——香港歷史文化論集》系列的第九部。本期收進特稿、講座論文、專題論文、及歷史札記共13篇文章。今期收錄一篇特稿：田仲一成著述<香港新界正一派道士太平清醮儀禮中所反映的本地社會意識>，田仲先生揭示廣東地區正一派道士太平清醮的特色，廣東鄉村是大宗族支配，在新界宗族鄉村裡有廣東圖甲制施行的痕跡，而建醮也帶有濃厚的宗族色彩，並接近儒教儀式。教授惠寄鴻文，讓今期《鑪峰古今》增色不少。

　　論集涵蓋的題材既廣且深，內容充實：有梳理清代以前香港之翻譯活動和對外交流的歷史，指出翻譯活動在香港地區的存在歷史之長，或許遠遠超出人的想像；有暢談戰前香港旅遊，香港曾是環遊世界郵輪必經之地，19世紀至今景點的轉變；有探討雷州之先民、「石狗」崇拜此雷州地方特色之民俗文化與雷祖崇祀。此外，有論述實踐九江遺教和傳承孔道的儒家學者伍憲子。還有論及有關香港佛教公益法會、佛道壇堂、香港客家花帶織造技藝、村校發展與鄉村糖廠歷史之專文。歷史札記方面，適值舉辦「四大寇——從照相重塑革命記憶」展覽，文章鑑別「四大寇」合照，從而思考中國近代革命歷史的啟示。

　　《鑪峰古今》每年一書的出版計劃，今期承蒙藝術教育有限公司Arts & Education Limited　劉言祝先生慷慨資助出版，藉以推動更多朋友探索華南社會文化的興趣。封面及扉頁照片，由陳如麟先生提供，乃大埔鑪峰學院舊貌，為書名帶來點睛之致，在此一併致謝。

游子安
珠海學院 香港歷史文化研究中心副主任
2021年12月30日

# 鑪峰古今
## 香港歷史文化論集2020

主 編
蕭國健　游子安

出 版
珠海學院香港歷史文化研究中心

責任編輯
危丁明

製 作
書作坊出版社
香港沙田美田路33號康松閣1405室

版 次
2021年12月初版

ISBN 978-988-12530-9-5
Printed in Hong Kong